JN142557

〜初心者も必読！さらに手残りを増やす不動産投資術〜

家賃年収1億円ママ、今度は"自主管理"でキャッシュフローをドンドン増やしています！

内本 智子

はじめに

読者の皆様、こんにちは。ママ大家の内本智子です。

ご存知ない方のために、簡単に自己紹介をしますと、不動産投資をはじめたのは２００３年。夫にナイショで区分マンション投資やシェアハウス投資をしていました。

その後、２０１１年に規模拡大への道へ方向転換し、1年足らずで3棟を買い進めたところで、20年勤めた会社を退職。専業大家さんになったのです。

専業大家さんになってからは、主婦業と大家業を両立しながら、物件の再生・売却などを経験して、現在では資産16億円、家賃年収1億円以上となりました。

そこまでの軌跡と私のノウハウを書籍にてお伝えしています。２０１３年6月に1作目を出版して以来、これまで4作の本を出版してきました。

そして、この度、3年ぶりに5作目の出版をさせていただくことになりました。

本作は、これまでと全く内容が違う新しいチャレンジについて書きました。過去4作と何が違うかというと、家賃のキャッシュフロー（手残り）を増やすための「自主管理」をテーマにしていることです。

私は「プロ」の大家ですが、プロとして収益の最大化を考えたときに、「削減できるコストは削減すべきだ」と思い至りました。

購入した物件をしっかり高稼働させて、収益を得ることが実績にもなりますし、キャッシュフローを積み上げていけば、次の物件購入にもつながっていきます。

今、融資を受けることが厳しい状況ではありますが、すべての金融機関が永遠に閉じていることはありえません。「歴史は繰り返す」と言いますが、金融機関も状況によって閉じたり開いたりを繰り返しているのです。

また、数は少ないものの、現在でも開いている金融機関もあります。こうしたときに求められるのは「実績」であり「資産」なのです。

何億円規模でたくさんの物件を所有し、どれだけ高い利回りでも、稼働していなければ利益はのびません。たくさんのキャッシュフローを得たとしても、高額なリフォームに使われたり、入居募集コストとして消えてしまったら、やはり手残りは少なくなります。

今のご時世に家賃を上げることは、簡単ではありません。

だったら、できるところは自分で行い、管理コスト・客付けコスト・リフォームコストを下げるのが、もっとも簡単に収益をあげるやり方です。

くわえて、あまり深く考えている方は少ないですが、管理会社自体にもリスクがあります。急に倒産することもありますし、管理会社が家賃収納自体を請け負っていた場合、私たちの手に届くべき家賃が、黙って運転資金に使われてしまうことだってあるのです。

ですから、物件管理をすべて丸投げするのではなく、その仕組みやノウハウを知っておくことも大切です。

○この数年の不動産投資ブームで、入居率の悪い物件を購入してしまった人。
○フルローンや高金利で返済比率が高くてキャッシュフローが思うように出ない人。
○修繕コストがかさむ築古物件を所有している人。

このように、ただ漫然と賃貸経営をしているだけではリスクのある人や、たった今、収益を改善しなくてはいけない人であれば、自身で管理することが、解決への道でもあります。

本書でお伝えするのは、「内本さん（プロの大家）だからできた」というような特別なテクニックではありません。

家事や子育てをしながら、ほとんどがスマホとパソコンを駆使するだけでいま私が行っている、再現性の高いものばかりを紹介しています。

また、今からすぐできる初心者向けから、大規模大家ならではのやり方など、難易度も振り分けました。どんな大家さんでも興味を持っていただける内容かと思います。

お金もかからないテクニックもありますし、自主管理で行うとどのようなトラブルが発生するのかも、私の生の体験を踏まえて解説しています。

とくに、これからの大家さんにとって、効果の大きい自己客付けは必須です。客付けについてもレベル別に解説していますので、ご自身の経験値に合わせて参考にしてください。

本書は、今がんばって賃貸経営をしている大家さんはもちろん、これから大家さんになりたいと勉強されている大家さん候補生の方々にも是非読んでいただきたいです。

多くの書籍は「買うこと」ばかりにフォーカスしています。しかし、大切なのは「買ったその後」です。

また「安く買うこと」ができれば、不動産投資の成功率が上がりますが、そこまで「安く買うことができなかった」という方もたくさんいるのが現実です。

そんな状況であっても、上手に運営することで利益は上げられます。そのためのノウハウをできる限りわかりやすくまとめました。

ご興味の出てきた方は、どうぞ本文へと読み進めてください。

内本　智子

目次

第2章 実践「自主管理」！できることからやってみましょう

第5章 チャレンジしよう「リフォーム発注・建物管理」

第6章 自主管理トラブル事例

内本智子の購入物件一覧

※2019年8月時点、売却済物件含む。

【1棟目】 埼玉県所沢マンション

（2011年2月取得・2014年9月売却済、売却益3000万円弱）／1994年築（購入時築16年）鉄筋コンクリート造4階建／3LDK×14室、5LDK×1室／満室家賃1689万／年／購入価格1億7100万円

【2棟目】 埼玉県熊谷マンション

（2011年12月取得・2014年2月売却、売却益1000万円弱）／1993年築（購入時築18年）重量鉄骨造3階建／1DK×13室、2K×3室／満室家賃1000万／年／購入価格8000万円

【3棟目】 埼玉県上尾マンション

（2011年12月取得・2015年2月売却、売却益3000万円弱）／1988年築（購入時築23年）重量鉄骨造4階建／2LDK×9室＋1階店舗／満室家賃720万／年／購入価格4200万円

【4棟目】 埼玉県坂戸マンション

（2012年2月取得・2014年10月売却、売却益約4000万円）／1988年築（購入時築23年）鉄筋コンクリート造4階建／2LDK×7室、3LDK×2室、1階店舗（倉庫）、満室家賃720万／年／購入価格4000万円弱

【5棟目・6棟目】 東京都三鷹木造アパート・2棟一括

（2014年5月取得・2015年4月売却、売却益約3000万円）／1993年・1989年築（購入時築22年、築25年）木造2階建／ロフト付1K×10室×2棟／満室家賃1200万／年／購入価格1億2400万円

【7棟目】 千葉県我孫子マンション

（2014年・11月取得・2016年1月売却、売却益8千万円弱）／1989年築（購入時築25年）鉄筋コンクリート造3階（＋地下1階）建／1K×32室／満室家賃1600万円／年／積算価格1.6億円、購入価格8000万円弱

【8棟目】 千葉県松戸・北小金マンション①（保有中）

（2014年・11月取得）／2001年築（購入時築14年）鉄筋コンクリート造3階（＋地下1階）建／3LDK×18室／満室家賃1925万／年／積算価格4.3億円、鑑定評価額4.4億円、購入価格1.9億円弱

【9棟目】千葉県我孫子ビル（保有中）

(2015年4月取得)／1989年築(購入時築26年)重量鉄骨5階建　エレベータ付／住居1K(23～27平米位)7室／事務所3室(1室110平米位)＋倉庫(事務所)1室／満室家賃950万円／年／積算価格6000万円、購入価格6000万円強

【10棟目】千葉県松戸・矢切マンション①(保有中)

(2015年8月取得)／2000年築(購入時築15年)RC3階建／住居1K(約27平米)バス・トイレ別　47室／満室家賃3330万円／年／購入価格3億円強

【11棟目】千葉県松戸・矢切マンション②

(2015年8月取得・2016年12月売却済、売却益6000万円)／2001年築(購入時築14年)RC3階建／住居1K(約26平米)バス・トイレ別　24室／満室家賃1640万円／年／購入価格1億5000万円

【12棟目】千葉県松戸・北小金マンション②

(2016年・2月取得・2017年売却、売却益約1千万円)／1989年築(購入時築26年)鉄筋コンクリート造2階建／4LDK×6室／満室家賃700万円／年／積算価格1億1000万円、購入価格8000万円

【13棟目・14棟目・15棟目】
千葉県松戸・矢切マンション③④⑤(保有中)

(2016年5月取得)③1992年築(購入時築24年)と④⑤1993年築(購入時築23年)鉄筋コンクリート造4階建／③⑤3LDK×10室×2棟＋倉庫4室、④1K×18室／満室家賃3500万円／年／積算価格4億円、銀行評価4.億円、購入価格3.億2000万円弱

【16棟目】千葉県北柏マンション

(2017年・3月取得・2018年売却、売却益2千万円強)／購入時築40年超／RC造3階建／2LDK×12室／満室家賃850万円／年／積算価格8160万円、購入価格6811万円

【17棟目】埼玉県・杉戸マンション(保有中)

(2017年・4月取得)／1988年築(購入時築29年)RC造3階建／3LDK×12室／満室家賃920万円／年／積算価格9000万円、購入価格4111万円

【18棟目】埼玉県本庄アパート（保有中）

(2017年・4月取得・売却予定)／1990年築(購入時築27年)RC造2階建／4LDK＋3DK／満室家賃163万円／年／積算価格2300万円、購入価格1211万円

第1章

あなたの物件は
円滑に運営できていますか?

第1章では、すでに物件を購入して不動産投資をスタートさせたサラリーマン投資家さんたちが直面している問題を取り上げたいと思います。

どうしても「買う」ところに集中しがちですが、物件を買うことがゴールではなく、スタートです。

買ってしまってから空室がなかなか埋まらない。多額のリフォーム費用がかかってしまって予測していたキャッシュフローが入らない・・・という悩みを持つ方も多いのが現実です。

不動産投資は物件を買ったところからが本番であり、購入した物件をしっかり運営することがとても大切です。

不動産投資で苦しむ人が増えている!?

不動産投資を取り巻く〝負〟の情勢は、2018年に起こった新築シェアハウス「かぼちゃの馬車」破綻から、金融機関の融資問題が発覚したことがきっかけにはじまりました。
しかし、これはあくまで「きっかけ」であり、不動産投資ブームが過熱しはじめた2015年頃から不動産投資で失敗している人が増えている印象があります。

私は2013年から「内本塾」という投資家コミュニティを定期的に開催していますが、そこで出会う投資家さんたちのリアルな声を聞いて、上手に不動産投資を行っている人がいる一方で、思ったように利益が出せない人や失敗物件を買っている人もたくさんいることを知りました。

私がはじめて収益不動産を購入したのは2003年。一棟投資は2011年からスタートしていますが（詳しくは第1章コラムを参照ください）、その当時に比べて多くの情報があるにも関わらず、知識もなく不勉強ではじめている人も多いようです。

「かぼちゃの馬車」オーナーのように、自己破産するレベルまで追い込まれていなくても、毎月赤字が発生して苦しんでいる投資家さんがいます。

とりわけ多いのは、現在は黒字でまわっていても、築年数の経過に伴い、徐々に賃貸経営が苦しくなっていくことが予測される投資家さんたちです。今はまだ失敗とはいえない状況であっても楽観視はできません。


どうして、そのようなことが起こっているのでしょうか。


それは昨年までの数年間、融資が出やすく物件が買いやすかったからこそ、起こった悲劇だと私は感じています。

有名なところではスルガ銀行の不正融資問題もありますが、融資が受けやすかったのはスルガ銀行だけではありません。

日銀による異次元緩和政策を受けて、各金融機関が貸し先を広げていった結果、個人の不動産投資家への融資が拡大しました。

そのため「良い物件だから買う」のではなく、「融資がつくから物件を買う」という思考で不動産投資をスタートさせた投資家さんが大量に生まれたのです。

強引な融資付けをして、無理やり買わせる業者

また、この時代の特徴として、悪質な不動産業者の存在も無視できません。

よくあるケースとしては、利回り8％程度の地方の一棟物件を、スルガ銀行から金利4・5％で融資を受けての購入です。

この場合、高金利で低収益の物件を購入してしまうのが問題です。多少金利が高くても、採算の合う高収益物件を購入できれば問題ありませんが、そうではない人も多くいるようです。

そもそも悪質な業者は、銀行評価に合わせて物件の値付けをしています。

そして「融資アレンジ付き」「提携ローン付」という言葉を巧みに使い、投資家を集め

新中間省略登記

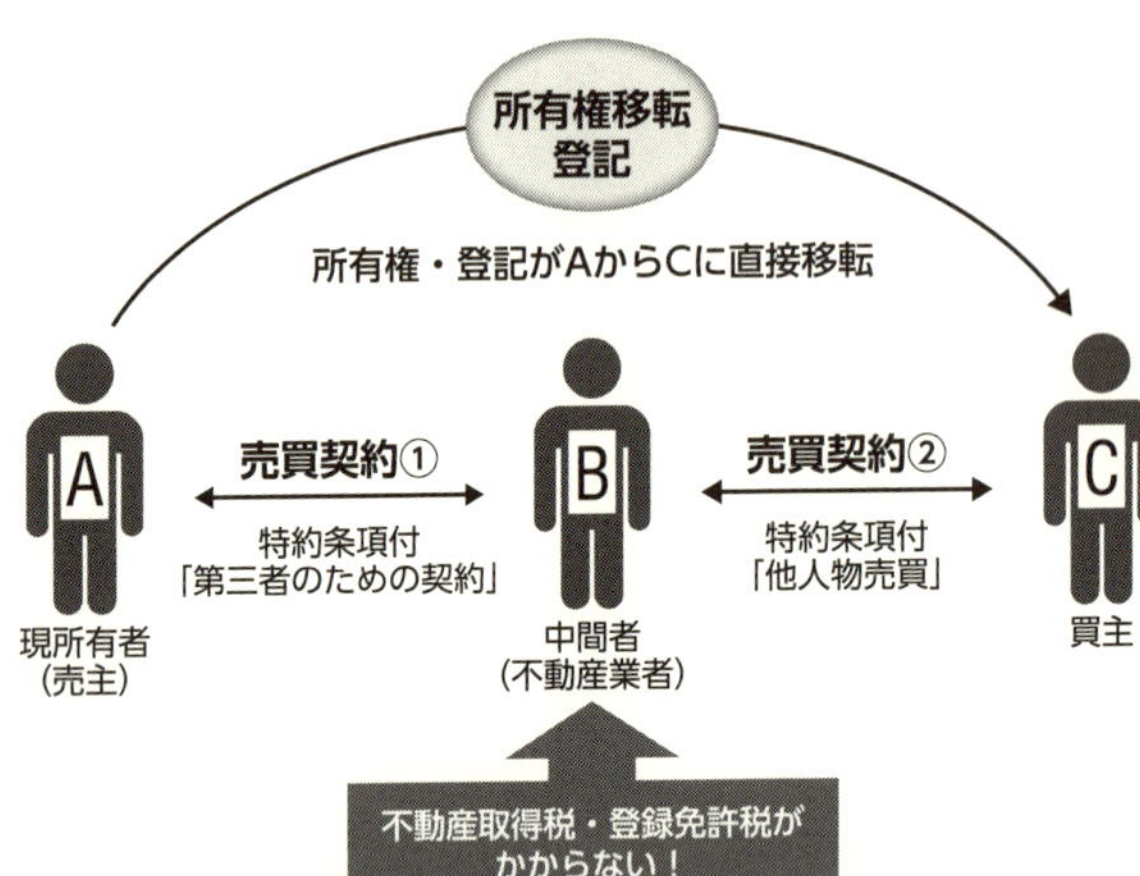

ては実際の価値より高い価格で物件を販売するのです。こうしたやり方は、今でも新築区分マンションなどで行われています。

このような値付け方法では、必然的に融資が受けられる目一杯の価格となるため、お買い得であるわけがなく、割高な物件となります。

とくに「三為業者（サンタメ業者）」と呼ばれる不動産業者（新中間省略登記を使った転売を行う業者）は、仕入れた物件に多額の利益を乗せて転売を行っていました。

新中間省略登記とは、「第三者のためにする契約」として、不動産の所有者A（売主）が、B（三為業者）と売買契約（第1契約）を結びます。次に、BとC（買主）で第2契約を結びます。その際にBは不動産の所有者ではありませんので、他人物売買契約となります。

こうしたやり方で転売を繰り返し、巨額の利益を得た三為業者も多いようです。このような業者の多くは「売り逃げ」をしており、割高な物件を購入した投資家は後から大変な目に遭っているのです。

フルローン・オーバーローンに潜むリスク

いわゆる「開いている金融機関」はその時期によって変わりますが、ここ数年はスルガ銀行の勢いが圧倒的に群を抜いていたというだけで、たくさんの金融機関が不動産投資に融資をしていました。

融資先が悪いというよりは、融資の審査の緩さ・ずさんさにリスクが潜んでいるように思います。

「カーテンスキーム」といわれる空室のある物件を満室に見せかけたり、「レントロール改ざん」といわれる家賃の操作で、実際より儲かる物件に仕立て上げ、融資を強引に通していました。

これは「かぼちゃの馬車」の新築シェアハウス投資でも同様のことが行われていたようです。しかし、それらは「スーモ」や「ホームズ」など賃貸情報サイトをチェックすれば、すぐにでもわかること。家賃相場すら調べず購入してしまった投資家さんにも問題があるといえます。

さらには、「かきあげ」といわれる二重売買契約を結んで物件価格を操作して、銀行に対しては物件価格を高く見せかける手口もあります。

ニュースで知って驚かされたのは、「エビデンス改ざん」といわれる手法で、これは投資家自身の資産を実際より多く見せかけたり、悪質なケースになると年収までも誤魔化して物件を購入しています。

つまり1000万円の年収で数千万円の資産を持っているはずが、その実態は年収が数百万円で数十万円程度の貯金しかないのです。

このような大嘘をついて多額の融資を受けるなんてちょっと信じられませんが、昨年あたりまでは、そんな不正がまかり通っていたようです。

もちろん、このような行為には不動産業者の手引きが欠かせませんが、投資家もまったく知らなかったのでしょうか。

「フルローンで借りられます！」「オーバーローンで借りられます！」といった甘言の裏には、大きなリスクが潜んでいたのです。

もちろん、すべての不動産業者が悪徳ではありません。

良心的な業者さんもたくさんいるのですが、不動産投資の最低限の知識が無ければ、悪質な業者を見抜くことは難しいでしょう。

本来ならば、しっかりとヒアリングし、綿密に調査を行っていれば、そうしたリスクは防げたのかもしれません。

しかし、性善説で物事を考え、業者の話すことを鵜呑みにしてしまった人は、相手が悪徳業者だった場合、簡単に騙されてしまうことになります。

思ったよりもお金が残らない現実

このような理由から、いざ物件を買って賃貸経営をはじめたものの、予想していたより家賃収入が少ない、もしくは急な出費に対して資金が足りない・・・といった問題が起こるのです。

前述した利回り8％の物件をスルガ銀行から金利4・5％で購入した場合ですと、期待していた手残りはありません。

物件の規模にもよりますが、数室が空いただけで持ち出しになるケースもありますし、長期入居の部屋が退去になれば、多額のリフォーム費用がかかります。

都心のワンルームならまだしも、戸建てやファミリー物件ともなれば100万円以上かかることも珍しくありません。

また、地方の物件を買っている人のなかにも高稼働で運営できている人と、空室がなかなか埋まらなくて苦しんでいる人がいるのです。

地方によっては、春の引越しシーズンを逃すと1年後まで入居が付かないエリアもあります。

大学のある町にありがちですが、同じようなタイプのアパート・マンションが立ち並んでいるにも関わらず、まだまだ新築が建ち続けており、完全に需給バランスが崩れている話は全国各地で聞きます。

また、客付けに苦戦する地域によっては、AD（広告費）の相場も高くなります。首都圏であれば1カ月のところが、北関東では2カ月、さらに北海道や九州になると4カ月、5カ月も払うケースがあるそうです。

同じ家賃5万円でも入退去のたびにかかるコストがまったく違うのです。

このように不動産投資ではエリアによって特性が異なるため、自分の投資するエリアの状況をよく把握しておく必要があります。

なぜ、修繕コストが高いのか？

前項でリフォーム費用が多額にかかる・・・と述べましたが、管理会社に委託していると、どうしても高くついてしまいます。

リフォームについていえば、原状回復工事（部屋を元の状態に戻すための工事）と、現状よりバリューアップさせるための工事、小修繕（壊れた箇所を直す工事）、大規模修繕（外壁や屋上防水など大掛かりな工事）など種類があります。

くわえて物件の構造・規模によっては定期点検が必要であり、これもまた工事業者に依頼する必要があります。

すべて管理会社に委託すると、多くの場合、支払い金額に管理会社の手数料が上乗せされて請求されます。

これは不当なものではなくて手配料というイメージですが、やはり割高になってしまいます。

さらにいえば、管理会社には日ごろから取引のある工事業者がいるため、工事の手配を任せられる反面、複数社から相見積もりを取ることはありません。

つまり工事の単価が高いのか安いのかといった、比較検討をしないままの発注になります。

問題なのは、投資家さんがいくらかかったのかを把握しておらず、管理会社の言い値で支払っているパターンです。

すべての管理会社がそうだとは言い切れませんが、管理会社の提案するリフォーム工事はオーバースペックであることが多いです。

内装にしても、汚れたクロスをクリーニングすれば貸し出せるところを、全部張り替えの指示が出ます。

設備であればキッチン交換も同クラスの既存の団地タイプのキッチンへの交換と、システムキッチンへの交換では値段が大きく違うのですが、オーナーに複数の提案をすることなく、勝手にシステムキッチンへ交換されている話もあります。

もちろん、その地域のニーズもありますから、「システムキッチンが良い・悪い」とは一概に断言できません。

本来はできるだけコストを低く抑えるように検討するところを、管理会社に丸投げしたあげく、どのような工事をしているのか把握していないのは、投資家さんの怠慢でもあると思います。

工事費を1円単位で切り詰める必要はないと感じていますが、適切なリフォームを適切な価格で行うことは非常に大切です。

もしも失敗物件を買ってしまったら・・・

それでは、もしも失敗物件を買ってしまったら、どうしたら良いのでしょうか。

金額の小さな区分マンションや戸建て、もしくは小ぶりなアパートであれば、損切りをして投資を手じまいする選択肢もあるでしょう。

しかし、1億円を超えるような1棟物件を割高に買ってしまうと、売却してもローンが全額返せない場合があります。残債以下で売るとなれば、状況によっては数千万円の持ち出しが必要になり、とても現実的ではありません。

任意売却するしか道がない切実な状況でなければ、今所有する物件をしっかりと高稼働させて、収支を改善していくのがもっとも手堅い方法だと考えます。

私自身、これまで不動産投資をしてきて、小さな失敗やトラブルは数え切れないくらい経験しています。しかし、幸いにも大きなダメージを受ける失敗はありません。

そうしたなかで順調に資産を積み上げてきましたが、ここ最近は規模拡大路線ではなくて、今所有する物件の収益を最大限に高めることを追求しています。

具体的にいえば、全面的な管理委託から準管理、自主管理という形で、賃貸経営のアウトソーシングの部分を自分の手で管理するようにしているのです。

その経緯や理由については次章から説明しますが、このような私の手法は賃貸管理において、究極のコスト削減になっています。

自社利益優先の実態

くわえて管理会社になんらかの不満を持つ投資家さんは多いものです。

これは私が実際に体験したことなのですが、ある単身物件をモデルルームにしていたところ、夏場に1カ月行っていなかったら室内で大量の虫が死んでいました。ラグの上にもテーブルの上も虫の死骸だらけで悲惨な状態です。

そのことを管理会社に報告したところ、「巡回できておらず申し訳ありません」と謝罪を受けました。契約書には巡回の頻度を交わしておらず、先方にお任せしていた経緯もありますが、その物件だけで月額10数万円の管理費を支払っていたのに、「月1回の巡回」さえ行われていなかったということです。

また、管理会社によってはやってもいないリフォーム費用を請求されたケースもあります。

私の場合は物件が自宅から遠くないので、空室があれば月に一度は見に行くことができます。

そこでリフォームの仕上がりをチェックしたり、室内の点検もできますが、これが地方物件を所有する遠隔投資家さんの場合ですと、まったく知らないうちに請求されて支払っている可能性もあります。

それ以外にも空室が埋まらないまま、1年以上も放ったらかしにされている話を聞いたことがあります。

空室が埋まらないのは、「家賃が高すぎる」「入居条件が厳しすぎる」「部屋の設備がニーズに合っていない」など、いくつかの理由が考えられますが、なんの提案もなく放置されているのは管理会社の怠慢ですし、投資家も経営者としての自覚が足りないと思います。

ここまで酷いケースは少ないにしても、空室を埋めるためには「家賃を下げるしかない」「お金をかけてリフォームするしかない」としか言わない管理会社も多いです。

オーナーからすれば、「できる限り家賃を高くしたい」「できる限りリフォーム費用をかけたくない」わけですから、お互いがまったく歩み寄れないのです。

自主管理で収益の最大化を目指す！

このように管理会社と信頼関係が築けていない、意思疎通ができていない、または、管理会社に不信感を抱いている場合は、当の管理会社に問題があるケースも少なくありません。

管理会社のスタッフは1人で数百戸を管理していることもあり、物理的に忙しくて手が回らない実情があります。

また、成績が上がれば歩合がもらえる営業マンと違って、どれだけ働いても給与は同じであれば、できるだけラクをしようと考えます。

もちろん、真面目に働いている人も多くいるでしょうが、そうしたなかでも優先順位が存在します。その管理会社の自社物件や地主さんなどの大口顧客を優先して、遠方に住む投資家の物件は後回しになっていることもあります。

もっと酷い話をいえば、管理会社が倒産したケースもあります。

ある日突然に「廃業します」というメールが届くこともありますし、噂をどこかで耳にして、気になってホームページを見ようとしたら開かない、さらに電話もつながらない・・・という夜逃げ状態もあります。

ようやく後日に、「民事再生法を申請しました」という手紙が届くのです。こうなると、オーナーは泣き寝入りするしかありません。なかには家賃や敷金も返ってこないことがあります。

そのような管理会社への不満や不安、またコスト削減の観点から考えると、もっとも理想的なのは自主管理です。

現金買いを中心とした戸建て大家さんの場合なら自主管理の人も見かけますが、戸建ての場合は共有部がないこと、それからファミリー世帯の入居が多いため、入退去の頻度が少なく自主管理向きと言われています。

私が1棟物件でチャレンジしたところ、戸建てよりも軒数が多い分だけ、入退去の対応が慌ただしくはありますが、それ以外は特に何も起こりません。今では非常に余裕のある状況が続いています。

ポイントは最初の仕組みづくりをしっかりと行うこと。それも段階を追って進められます。

高額な修繕コストに悩まされている人。
空室がなかなか埋まらない人。
今は順調に稼働しているけれど、この先が不安な人。
割高な物件を購入してしまい、収支改善をしたい人。

このような投資家さんに向けて、次章から私の自主管理ノウハウをお伝えします。できることは様々です。まずは簡単な内容から試してください！

Column

夫にナイショで資産16億円！　不動産投資開始から女流メガ投資家になるまでの買い進めストーリー

はじめて購入したのは新築区分マンション

早いもので前著の発売からすでに３年近く経ちました。

このコラムでは過去の私の書籍をお読みでない方のためにも、私がどのように物件を買い進めてきたのか、物件購入・売却の顛末を簡潔にご紹介していきます。

（詳細は、私の１冊目・２冊目の著書に記載しています。興味のある方はそちらをご覧ください）

私がはじめて投資用不動産を購入したのは２００３年、東京都中央区にある投資用の単身者向け新築区分所有マンションでした。

広告に表面利回り９％と書いてあり「銀行に預けるより有利だな」と直感的に思って、貯金をあてて買いました。当時はまだ投資を勉強する前で、株式投資すら知らなかったころです。

次に自宅用のつもりで２００４年にファミリータイプの区分所有マンションを購入しました。当時から住んでいる自宅は２ＬＤＫですが、子供が生まれたら狭くなるだろうし、もうちょっと広めのマンションを自宅用に購入しようと思ったのです。ゆくゆくは実家の親も呼ぶつもりで東京都江東区の４ＬＤＫの物件を選びました。

新築だったのですが、地上権（旧法借地権

の一種）ということから安くなっていました。また不動産価格が全体的に値下がっているタイミングだったこともあって、通常の所有権物件の約3割引で購入することができました。

実際に家具も揃えて引っ越そうとしたのですが、なんと同時期に妊娠が判明。仕事は続けるつもりでしたので、新居の周辺をいろいろ調べてみると、保育園がなく、小学校もそのマンションの建設時の協定で、1キロ先のところになることがわかりました。

当時はフルタイムで働いていましたから、「実際に住んだら大変だな」と気づきました。さらに夫の反対もあり、結局そのまま自宅マンションに住み続けることになりました。それで結果的に賃貸へ出すことになりました。

中古戸建てで高利回りシェアハウスを運営

本格的に不動産投資に興味を持ったのは2009年です。

2010年、3戸目となる板橋区の戸建てをキャッシュ購入しました。ここではじめて不動産投資家としての自覚を持ちました。

その物件は会社からも自宅からも通いやすいところにあったため、自分で管理ができました。おかげで表面利回りは20％程度。当時、新築の区分マンションは表面利回りで8～9％くらいでしたから、中古物件で自主管理をすると、かなり稼げることがわかります。

そもそもなぜ中古の戸建て物件を狙ったのかといえば、もしシェアハウスがうまくいかなくなったら、マイホームを探している人に売却すればいいと考えたからです。

シェアハウスの運営が軌道に乗り。戸数を増やそうと動いていたのですが、『金持ち父さん貧乏父さん』（ロバート・キヨサキ著　筑摩書房）に出会ったことが転機となり、投資方針を変更しました。

というのも、区分マンションやシェアハウ

東京都板橋戸建て（シェアハウス）

東京都日本橋区分マンション

東京都南砂区分マンション

ス投資では資産を増やすにはスピードが遅いのです。そこで一棟マンションを取得することに決めたのです。

そこで自己資金をつくるために、区分所有マンション2戸、戸建てシェアハウスの全てを2010年末〜2011年に売却しました。

幸いなことにすべて購入時の金額を上回る金額で売却することができました。

3棟の中古マンションを購入してサラリーマンを卒業！

資金の準備もできて、いよいよ物件探しをはじめました。

1棟目の所沢マンションの情報を得たのは2010年11月です。積算価格が2億円オーバーで、立地条件もクリアしています。情報が来た瞬間に買付申込書を書いていました。

これまで買い逃した経験があったため、とにかく即時対応、見るまでもなく決めました。

物件購入価格が1億7100万円、自己資金が3000万円とはいえ、1億5000万円以上の借り入れは困難を極めました。やはり、夫の協力が得られないということがとくに大きなハンデとなりました。

すっかり諦めていたのですが、建設会社の取引先でもある地銀東京スター銀行から期間27年で融資を受けることができて、無事購入することができました。

2棟目は1棟目の借入金額が大きいこともあって、融資付に難航していました。そんな中、はじめから地銀スルガ銀行の融資がセットされている熊谷マンションの情報が入りま

した。

団信加入すれば保証人なしでも大丈夫ということです。金利は高めですが、利回りが13%という高利回りのうえ、1部屋30平米以上もあり競争力もありそうです。

管理状態は普通で、3室空きがありリフォームがされていない状態ですが、なにより敷地の駐車場も土地が広々としており、3方向で接道しているため魅力的に感じました。

このときにもう一棟物件を買い進めることになりました。というのもスルガ銀行の借り入れ枠の関係から、2棟同時に取得するチャンスが訪れたのです。

当時はすでに会社を辞める決意をしており、借りられるだけ借りたい希望がありました。

そうした中で見つけたのが上尾マンションです。表面利回り17%もありますが、長らく放置されているボロ物件で、リフォームが必要でした。

こうして後の困難にも気づかず、2棟目・3棟目は熊谷市と上尾市の重量鉄骨マンションを2011年末に2棟まとめて同時決済しました。

そして、目標の20年に少しだけ早い19年9カ月のサラリーマン人生に終わりを告げました。

4棟目は2012年の2月に見つけました。3880万円で売っていましたが、積算価格が概算で8000万円以上あります。

すぐに不動産会社に電話したところ、すでに買付が複数入っており、融資が付いた人から順番に交渉権を得るという段階でしたが、現金購入するということで、私が購入することができました。このときは戸建を売却した資金の残りと、退職金を使いました。

現地で確認したところ、2LDKのファミリータイプのマンションで、屋上防水工事、外壁塗装をしたばかりのキレイな建物です。相続案件ということで売り急いでいたようです。

こうして4棟目は利回り約18%の物件を購

入することができました。この1棟だけで月間キャッシュフローは50万円以上になります。所沢マンションは諸費用込みで1億8000万円くらい使っていますが、キャッシュフローが坂戸マンションと同じ50万円程度です。そう考えると、どれだけ効率的かよくわかります。

ここまでが2011年から1年間で4棟立て続けに購入した私の軌跡です。

そして、その翌年に出版社からお声がかかり、第一作目の著作を執筆することになりました。おかげ様でたくさんの方に読んでいただくことができました。

2014年、売却と購入を進めることを決意

投資の目標、サラリーマン卒業の目標は叶ったので、次の計画を考えました。

漠然と「100室あれば銀行からプロの事業家と認められるだろう」という認識がありましたが、すぐに拡大する気持ちはありませんでした。

その風向きが変わったのは、2013年の9月。2020年東京オリンピック開催が決まったからです。

これから不動産価格が上がることを予想して、「この機会に物件を入れ替えて、郊外から都心へ、築年数が新しい物件をどんどん増やしていこう」と考えを改めたのです。

翌年の2014年1月に熊谷マンションを売りに出したところ、3日で満額の買付が入って売ることになりました。当初借入したスルガ銀行から関西アーバン銀行に借り換えて、それなりに返済も進んでいたので手元には2500万円ほど残りました。

続いて知人の紹介で5棟・6棟目である東京都三鷹市の木造アパートを購入します。通常であれば木造のアパートは土地値でも検討

はしないのですが、土地だけで1億5000万円もする物件でビックリしました。まさに土地値以下の物件です。

問合せはたくさんあったようですが、木造で築20年以上ということもあり、融資が難しく、頭金2割を払える人も限られ私に声がかかったようです。

2棟のうち1棟が未登記で建ぺい率オーバーの疑惑があったため、金融機関探しに難航しました。最終的には西武信金から借入することができましたが、そこまでだいぶ紆余曲折があります。

購入時には大きなリフォームをしていませんが、11月の法人決算のとき、節税対策も兼ねて駐輪場と駐車場を造成しました。

三鷹アパートを購入して3カ月後、8月頃に所沢マンションを知人投資家に売却することになりました。私の取引銀行を紹介して、あれよあれよという間に融資内諾が出て、契約・決済と慌ただしく進みました。

坂戸マンションは、高収益を生む優良物件でしたので、まったく売る気がありませんでしたが、こちらも知人投資家から「売って欲しい」と声をかけられ、売却の流れになりました。

そうして、9月下旬に所沢マンション、坂戸マンションを10月下旬に売却決済しました。この2物件の保有期間中のインカムゲインと売却時のキャピタルゲインを合わせると余裕で1億円を超えます。私が勤続20年の会社を退職した際の退職金と20年間の給料の手取り額を合わせた額にも匹敵する金額です。

不動産購入時に物件を見極めることはもちろん大事ですが、いつ購入していつ売却するという時期とタイミングは更に大事だと実感しました。

任意売却物件を2棟同時契約

所沢マンションの売却を進めていたタイミングで、新しい売り物件の情報が来ました。

我孫子の物件を含めて同じ売主様の物件がまとめて任意売却されることになり、私にも声がかかりました。

資料といっても入札なので「入札予想価格〇〇万円」というように一覧で書かれた1枚のPDFのみです。よく見れば、首都圏の築15年から25年の立派なRCマンションが積算価格の半額から7割で売られているのです！

購入検討に値する物件に対して「近隣の類似物件の賃料相場から引き直した収益価格（10%で設定）」「積算価格」などを計算して、リフォーム費を想定して、入札価格を決め10棟弱に入札を入れました。その結果、7棟目の我孫子マンションを買い受けることができました。

新しい物件を進めている裏側で、所沢マンションと坂戸マンションの売却も行っていましたので、私は自己資金を現金で1億5000万円以上持っていました。不動産業者に「買えそうな物件はないですか？」と聞いたところ、同じく任意売却物件である8棟目千葉県松戸マンションなら買えるかも知れないということでした。

こうして、我孫子マンション、松戸（北小金）マンションを2棟同時購入できました。

ここまでが2014年に購入した4棟です。融資の内容など詳しくは2冊目の書籍にあります。割安物件との縁をつなぐための方法、買い進むための方法を中心にお伝えしています。

店舗の空きが目立つ商業ビルを現金購入

2015年2月、7棟目の我孫子マンションの客付け営業で知り合った不動産会社から市内の9棟目の商業ビルを紹介されました。

この物件は、店舗の比率が高いのが特徴です。当初1億2000万円で売られていたものが、任意売却物件ということもあってか、値段が半額近くまで下がっています。この時点での空室率は高いですが、立地が良く磨けば光る物件です。満室にすれば表面利回り15%強ということもあり、すぐ見に行って買うことを決意しました。

3月初旬に契約を行い、3月末頃には決済予定でしたが、直前に思うような融資条件で借り入れできないことがわかり、結果的に現金購入することにしました。

2015年の8月に購入した10棟目、11棟目の千葉県松戸市の矢切マンション①②は、知人に紹介された相続案件です。当初はRC造マンション2棟に、木造アパート1棟の3棟一括5億円で売りに出されていました。我孫子ビルを現金購入するタイミングで舞い込んだ情報で、それを聞いてすぐに購入を決意しました。

しかし銀行打診すると「RC2棟は融資可能だが、築古の木造アパートまで含めると、難易度がアップする」という感触を受けたので、木造アパートは知人に譲ることにしました。

現地確認に行ったところ、管理会社によるモデルルームも設置されて、しっかりと管理された物件でした。立地もよく物件もキレイなのに稼働率が8割です。前オーナーの管理会社は管理に強いタイプの会社で、客付けに弱いような印象を受けました。

この2物件は頭金と諸費用で7000万円ほど必要でした。当時、手元に6000万円ほど資金があったのですが、少し足りないので、資金を捻出するために三鷹アパート2棟を売却することにしました。

このアパートは、経営が軌道に乗ってからは空いてもすぐ埋まるようになり、長期保有のつもりでしたが、もっとも売りやすい物件ということで売却を決めたのです。

こうして自己資金の準備もできて、最終的に矢切1マンションは千葉銀行で約3億円が金利1・2%、矢切2マンションはメガバンクりそな銀行で1・45億円が金利0・9%台で、期間30年に決まり、8月に無事決済することになりました。

2015年に購入した物件は、以上の3棟です。

同年末に売却を決めたのが、7棟目の我孫子マンションです。決済・引き渡しを2016年1月末に行ったので現金でも物件購入できるぐらいキャッシュが潤沢な状態になりました。

駐車場の足りないファミリー物件

この物件の売却と同時に購入に向けて進んでいたのが、12棟目となる北小金マンション②です。RC造のファミリー向けで部屋が広く、スペックが高いのでそれほど手間がかからない物件です。

この物件をネット上で見かけたのは前年12月の頭です。そのときは4LDK（1室90平米）×6室中半分の3室が空きの状態でした。

この物件の致命的な欠点は、ファミリー向けにもかかわらず世帯数の3分の1しか駐車場がないことです。6世帯ですから本来は6台分あるべきところ2台分しかありません。また、近隣にも駐車場がないのです。

売主が不動産業者で直接コンタクトできたので、敷地内の駐車場不足が入居者募集に不利ということを強調して指し値交渉を行いました。取引銀行にも駐車場を造成すれば満室にできると説明し、融資の内諾を得ました。

具体的には、既存で取引のある業者2社に4台分の駐車場造成の見積もり（百数十万円）を出してもらい、その金額を売主に伝え、売買価格からの値引きを持ちかけたのです。

結局、売主側で駐車場を造成してもらうことになりましたが、売買価格も多少値引きしてもらえました。

そして2月中旬に売買契約、2月末に決済というスケジュールが確定。普通は契約から決済まで1カ月はかかるものです。契約から決済までが2週間というのはかなりのスピード決済だと思います。

12月下旬には空室が2室になっていましたが、駐車場を造成することが決まってから決済までに1室申し込みが入りました。3月頭に別物件から空き部屋に家具を移設し、モデルルームを設置したところ、1週間もたたないうちに申し込みが入って満室になりました。

その後も満室稼働中で、まったく手間要らずの優良物件となりました。

なんと3棟もの全空物件を一括購入！

続いて松戸市に元社宅という全空物件を3棟一括購入しました。13棟目・14棟目・15棟目の千葉県松戸・矢切マンション③④⑤です。

2015年の9月に仲介会社（既存取引会社）から情報が入り、半年かけて折衝した案件です。翌2016年3月に売買契約、5月に決済しました。

この物件から徒歩1分の場所に、10棟目の矢切マンション①を所有しており、定期的に近隣物件の見回りに行く際に便利なので購入を決意したのです。

スペックは1700平米の敷地にRC造マンション（4階建、築23～24年）が3棟建っており、土地・建物の積算価格がそれぞれ2億円、計4億円ぐらいの物件です。

1棟が単身者向け、2棟がファミリー向けの間取りで、ファミリー向けの2棟の1階が4室の倉庫になっているため、トランクルームなどに改装して貸し出す予定でした。

物件情報を入手した経緯ですが、単身者向けの矢切マンション①②の2棟を決済して1カ月もたたない9月の半ばごろに、懇意の不動産会社から「松戸で3棟一括のRC物件で全空ですが、どうですか」と話がありました。

まだ売主が売る気があるのかも不明で、土地や建物の面積、築年数、間取りなどの概要がわかるだけでした。

値段もついておらず、「まず値段をつけてください」と言われ、仲介会社にはざっと計算すると銀行評価は4億円以上になりそうでしたが、全空で売却されると想定して「全空なら3億円、満室なら3億5000万円でもよいです」と回答しました。並行して金融機関にも物件資料を送り、評価を出してもらいました。

売主からは「4億円ならすぐ売りますが、それより安くは売りません」と回答がありました。

金融機関から「4億円以上」という評価も出ていたので、「では全空状態で3億3000万円ならどうですか」と歩み寄りの姿勢を見せましたが、物件価格が高騰していることもあり、先方も強気で交渉に応じてもらえませんでした。

その後、2015年末に売主から一度連絡があり内見させてもらいました。その際「3億3000万円なら買います」と再度お話ししたのですが、やはり納得されず、入札方式で買主・価格を決めることになりました。数年前に都内の社宅を入札方式で売却されており、そのときと同様になるとの説明でした。

財閥系の大手不動産会社が幹事会社となって3月頭に入札が行われ、その結果、見事私が落札することができ、3月下旬に3・2億円弱で売買契約を締結。契約金は1500万円で契約の前日に振り込みました。

今回はローン特約なし、瑕疵担保免責というキツい条件での契約です。そのため、融資承認が得られるまで何度か金融機関に融資審査の状況を聞いていました。

結局、売買契約から約2週間で融資承認が出たので、本来は6月末決済だったのをGW明けに早めてもらえるよう調整し、5月中旬に購入しました。

はじめての公売物件にチャレンジ！

２０１７年の春、16棟目として北柏にあるマンションを購入しました。この物件は私にとって初めての公売で落札した物件でした。

きっかけは前著の出版記念講演を開催した際、登壇されたジャイアンさんこと、木下たかゆきさんのセミナーに参加したことです。そこで公売について話をされていて、自分にもできそうと思いました。

また、当時は融資がまだ開いていたものの、物件価格の相場は高かったので、安く買うために公売を狙ったわけです。

公売と似ているものとして、競売もあります。しかし、この2つは明確に異なります。

競売はローンが支払えなくなった人の物件で裁判所の管轄です。公売は、税金が払えなくなった人の物件で税務署または地方自治体が管轄です。どちらも入札式で高値をつけた人が落札できます。

また、競売は物件に占有者がいた場合など強制執行ができる一方、公売はそういったところの仕組みがありません。それだけ公売のほうがハードルが高いといえます。

ただ私が買った物件は、国が所有する社宅だったので特に問題はありませんでした。

とはいえ、最初の入札時には10棟入札したのですが、そのうち6棟も落札できてしまったため、かなり焦りました。

公売のルールとして、まず入札する時点で入札額の5％を保証金として預けます。

落札できなかった分についての費用は発生しないのですが、落札すると保証金5％は戻ってきません。更に契約時に追加で5％契約金として入れなければなりません。

私は落札した6棟のうち3棟購入したものの、買えなかった3棟の保証金として１１００万円程度の保証金が戻ってきませんでした。

これは大誤算でした。

公売に参加するときは、100件以上出る物件のなかから選びます。建物付きの土地というのはかなり少ないのですが、たまたま私が参加した2017年の春の公売では数が出ていました。

そのなかから自分の買えそうな物件を選びます。公売といっても値段はピンキリで、港区でそれなりの規模の共同住宅だと最低10億円しますし、1000万円くらいの物件もあります。

私は保証金5%のことも考慮しつつ、1000万円~2億円のレンジで物件を探していました。ちなみに購入できなかった3棟一括物件は、あわせて2億円強でした。

また、間取りや築年数なども見て再利用できそうかどうかなども検討しました。

物件は、説明会が一度開催され、そのときに中まで見ることができます。

ただ私の場合、10棟もの膨大な調査(類似物件の家賃相場、駅からの距離、再生する場合の費用など)があったため、説明会には行かず、物件は外から見ただけでした。

公売の情報が出てから入札までは1カ月ほどです。ただ、説明会は日時を指定されるので、ちょうど繁忙期だったこともあり、説明会に行くことができなかったのです。

公売物件はローン条項なし!

公売物件の融資付けは、基本的に自分の取引銀行に相談することになります。ただ、もちろん瑕疵担保免責でローン条項なしになります。私の場合、入札のタイミングで銀行に情報を伝えたのですが、「実際に落札できたら考えます」という返答でした。

入札は10棟入れましたが、資金力が段違いの大手デベロッパーも入札をしていたため、

1、2棟落札できればいいと考えていました。それがまさか6棟落札ということで驚きしかなかったわけです。

それで、ひとまず「自分が全てこうやって再生します」という提案書を作成して銀行に持って行きました。

その結果、北柏の物件だけ東日本銀行から融資が受けられました。ただ、杉戸と本庄の物件は現金決済しました。4000万円強と1000万円強だったので、この支出は大きかったです。

当時は、たまたま現金を持っていました。だからこそ積極的に入札したわけですが、購入できなかった3棟は一括もので、船橋市の立地が悪い場所にあり、築年数も築24年と古めだったため、客付けができるのかを不安に思われ、主要取引先の千葉銀行でも融資がおりませんでした。

北小金の一棟マンションを共同担保に入れてくれと言われたのですが、もし失敗したら取り上げられてしまうわけです。そこまでのリスクは負えないので、保証金1100万円をあきらめたほうがいいと判断しました。

現金購入した杉戸と本庄の物件がなぜ融資を受けられなかったかというと、建物が登記されていなかったからです。

銀行からすると、建物が登記されておらず、建築確認や検査済証もないのに土地だけで多額のお金を融資はできません。未登記建物は融資のハードルがものすごく高いのです。

ただ後から気づいたのですが、未登記建物ということは公売の資料にも書かれていました。

それでも東日本銀行が融資をしてくれたのは、おそらく私が熱意を持ってプレゼンをしたからという、ある意味〝奇跡〟だったと思います。

いずれにせよ、基本的に建物がきちんと登記されていれば、融資は受けられる可能性はあります。

インフラが断ち切られ、さらにリフォーム費が増加

何はともあれ、初めての公売で3棟購入しました。そのすべてが全空だったのですが、そのことよりも購入に5400万円以上の現金を出し、さらに所有権移転などで数百万円、計6000万円近くのお金を使ってしまったことに精神的ダメージがありました。

さらにショックだったのが、説明会に行っていない北柏の物件にリフォーム会社の人と行き、電気をつけようとしたらブレーカーがないのです。

国としてはその物件を閉鎖しようとしていたようで、電気だけでなく水道もメーターや水道管が本管から切られていました。なぜそこまでやる必要があるのかはわかりませんが、インフラが完全に使えない状態だったのです。

それらを全て復活させるのに、さらに1000万円程度お金がかかりました。さすがに資金の問題もあったので、公庫からお金を借りました。

リフォームの順番は、購入した3棟の公売物件（16~18棟目）のうち、まず一番客付けしやすい北柏の物件から注力しました。松戸や天王台にも物件を持っているので行きやすいというのも大きな理由です。

柏にはいつも頼んでいる業者がいるので、リフォーム等はそこに依頼しました。杉戸は新たに開拓した業者に、本庄は以前から付き合いがある熊谷の業者に頼みました。

16棟目の北柏の物件が再生できたのは、3月末決済の4か月後、7月のことです。そこから3カ月で満室になりました。家賃を相場よりかなり下げたことが要因です。

ただ、築40年を超えているものの、給水管も排水管も交換し、部屋も今風の2LDKに

全てリフォームされて状態がかなり良かったので、家賃を安くし過ぎたと思っています。

この物件はある程度自分でキレイにしましたが、もともとそれなりにキレイでした。だからこそ、インフラを切られた理由が今ひとつわかりませんでした。


17棟目の杉戸マンションは、電気と水道はつながっていました。ただ、ガスは切られていたので、プロパンガスを復活させました。

しかし、この物件は和室が3室ある3ＬＤＫで、見た目が古過ぎたため、部屋の中を新しくするのに時間がかかりました。人が住める状態になったのは7月ですが、実際に入居が付くようになったのは12月のことです。

その後も、外壁塗装などをしてイメージアップし、稼働率が上がったのは翌年6月のことです。それまでは、そのエリアに戸建てが多くマンションが少ないこともあって、家を建て替える人が半年限定という感じで入居することが多かったです。

一番少ないときで4室稼働、今は10室稼働までできています。稼働率8割くらいで落ち着いています。ちなみに利回りは、満室時には利回り20％を越えます。


18棟目の本庄のＲＣアパートは築27年、16棟目と同じく電気、水道、ガスが切られていました。この物件は他の2棟よりも規模が小さい（2戸）ということもあり、最後に対応をしました。

8月に人が住める状態になり、実際には12月から入居が付きました。太陽光発電を乗せたのですが、規模が小さいので余剰売電になります。

ちなみにこの物件は、現在売り出し中です。利回り9％で売りに出していますが、それまでかかったコストと労力を考えると、そこまで高いとはいえません。積算価格は、当時で2300万円だったものを1211万円で買ったので積算オーバーです。

2018年のかぼちゃの馬車事件をきっかけに融資が厳しくなり、ピーク時よりも物件価格は落ちていますが、それでも紹介される物件を見ても高いと思ってしまいます。まだ値下った感じはしません。

公売に関しても、競合が買い漁っているのかもしれませんが、建物つきの土地でいい物件が出てきません。

今後は買わないつもりはないものの、買える物件が出てくるまでは様子見するつもりです。とはいえ、新たに買い増していくというよりも、今持っている物件をどうにかできないかという心境に変化しているのは事実です。

そう思うようになったのは、公売物件の再生が落ち着いてきた2017年の秋くらいです。そこで太陽光にも着手するようになりました。

2016年末から、2018年に年1棟ずつを売却

私が売却したのは11棟目の矢切②、12棟目の北小金、16棟目の北柏の物件です。時期は、矢切②が2016年末、北小金が2017年、北柏は2018年です。

2016年末に矢切②を売却した理由は、購入価格の6000万円増しで購入希望の方を懇意の仲介会社から紹介されたためです。5年分以上のインカムゲインを一気に得られるのが魅力でした。

北小金を売った理由は、キャッシュを得たかったからです。2017年当時、公売で多額の現金を入れて3棟を買っていたため、1棟目は東日本銀行から融資を受けたものの、建物未登記だったので現金を出さざるをえなかったのです。

そのときは6000万円現金を出して、公庫から1000万円借りて、さらに1000

万円の保証金を払っていたので、さすがにキャッシュを作っておきたかったからです。

ただ今考えると、今後家賃を上げられる物件だったので売らなければ良かったと思っています。

なお、16棟目の北柏の物件の利回りは約13％、1年程度所有し、すでに売却しています。売却時には利回り10％弱で売っています。

杉戸と本庄は、買ってから建物を登記してバックファイナンスをしようとしたのですが、それもなかなか困難でした。というのも、登記をしたとしても電気や水道などのインフラがないので、満室稼働するまでに膨大な時間がかかるからです。

また、北柏のような好立地物件は、まだ融資が受けられるものの、立地があまり良くない物件だと、やはり満室までには時間を要します。

北柏に関しては、満室になって順調に稼働するようになったら、売ろうと考えていました。

普通、「順調に稼働するようになったら持ち続けてもいいのでは」と思うものですが、この当時はいろいろ買い増しを考えており、さらには融資がぎりぎり付くタイミングだったこともあり、現金の確保を優先しました。

ただ、結局買い増しはできなかったのと、北柏物件は土地値ＲＣで維持コストが安く今思えば持っておけば良かったと思っています。

ついに「太陽光」を導入

かつて私は「太陽光は詐欺」と思っていました。詐欺というのは表現が違うかもしれませんが、いずれにせよ建物と違って一度買ってしまったら売れないので、買った瞬間に価値がゼロになるわけです。なので、興味を抱くことはありませんでした。

しかし２０１８年、東日本銀行から太陽光の紹介があり、融資を付けてくれて持ち出しゼロで導入できるならいいかなと思いました。

そして太陽光を導入したのが、北小金、矢切、杉戸、本庄の物件です。これらはいずれもRCの陸屋根でないと付けられず、屋上に設置した太陽光です。


初めは東日本銀行からウエストホールディングスという広島の老舗業者（東京本社は新宿）を紹介してもらいました。業者は現地を見に行ってくれて、パネルの置き方も提案してくれました。

ただ、契約してから気づいたのですが、東日本銀行から借りる金利よりもウエストホールディングス社と提携しているノンバンク（ジャックス）の金利のほうがキャンペーン金利で安かったのです。

しかも東日本銀行の場合、太陽光に担保を設定しなければならなかったのですが、ジャックスだと無担保で融資を受けられました。

この点は後悔したものの、東日本銀行からの紹介だったこともあり、致し方がなかったと思います。

結果的には、最初の2棟を東日本銀行から、あとの2棟はジャックスから融資を受けることになりました。

太陽光を設置する際の注意点は、太陽光はクレーンで吊って取り付けるため、場所の確保のために工事期間中は駐車場の車をある程度どかさなければならないということです。

私の場合、駐車場の敷地が広かったので手間はかかりませんでしたが、そこまで広くないのであれば道路の使用許可を取ったりしなければならず、もし都心の物件だったらかなり面倒といえるでしょう。


業者選びの際に複数社を検討しなかった理由は、まず東日本銀行からの紹介だったこと、そして会社パンフレットなどを見ても老舗企業だということがわかったので、倒産したりお金を持ち逃げされたりしないだろうと思えたからです。さらに導入金額も他社よりもそれほど高いわけではないというのも決め手になりました。

実際に太陽光を設置してみて気づいたのは、シミュレーションよりも発電量がかなり多かったことです。これはリスクを考慮して、シミュレーションが実際の8割ラインで提案していたことも大きいでしょう。

太陽光を初期の頃に始めた人だと、買取価格が高いという恩恵を受けられました。しかし、機材が届くのが遅れたり、施工不良だったりという負の側面もありました。

ただ最近はその逆で、買取価格は下がったものの、施工業者は時を経るとともにノウハウを蓄積していたので効率化は全体としてできていました。

これから太陽光を始めようとする方は、買取価格が投資に見合うかどうかを必ず判断しましょう。私は現在、利回りは平均9％で稼働させています。

また私の場合、大規模物件だったので監視装置も付けています。これによって、パワコンが故障したらすぐにアラームが出るのですが、70万円程度かかります。

本庄のような小さい物件の場合は監視装置をつけず、余剰売電（余った分だけ売る）にしています。本庄の物件は共用部分がないのですが、夜にライトがつくセンサー型の電源を付け、その余剰電気を活用しています。

この太陽光発電以外に、物件共用部の電灯をLEDに変えたり、駐車場の区画を増やしたり、トランクルームを作ったりとやれることはすべて行いました。

そうして収益を最大化する方法はすべて行ったので、あとできることといえば管理費の削減くらいだと思ったのです。

第2章

実践「自主管理」！
できることからやってみましょう

第2章では、私が管理委託から準管理、自主管理へと切り替えたリアルな体験談をお伝えしますので、ぜひ参考にしてください。

ただ、どんな物件でも自主管理をおすすめするというわけではありません。致命的な欠陥がある場合は、まずそこから改善すべきです。

基本的には、稼働率8～9割くらいで運営ができていれば、利益最大化を考えて自主管理を検討してもいいでしょう。

また、利回りがあまり高くない物件を買った人が、収支改善のために自主管理へ切り替えるのも一手です。

なぜ自主管理をはじめたのか？

私は現在、千葉県と埼玉県で8棟132室を保有しています。エリアは集中していて、大半（8割）は松戸市の物件です。

それらを税引き前の利益が1法人あたりにつき1000万円程度になるよう、3法人に物件を分散して運営しています。

そもそも私は、購入当初から管理会社を入れて運営していました。しかし、2018年12月から所有物件の大半を自主管理に変更したのです。

それというのもLED・太陽光・自販機など、「やれることは全てやり切った」という段階となり、後は管理コストを下げるくらいしか手を付けるところが無くなったからです。

また、そのタイミングに私の主催する内本塾において、自主管理をしているママチャリ大家さんこと、小林ヒロシさんのセミナーを拝聴しました。2018年9月のことです。

小林さんは、『1日30分で年4000万円稼ぐ！ スマホ1台でらくらく儲かる不動産投資法』（ダイヤモンド社）を出版されています。

過去にも120室を自主管理されている森田正雄さん（楽待コラムニスト https://www.rakumachi.jp/news/archives/author/rakumorita）など、自主管理大家さんたちの講演を聞いて興味がありました。

そこで、ついに自主管理への一歩を踏み出すことにしたのです。

自主管理に切り替えた目的① コスト削減

自主管理の一番の目的はコスト削減です。自主管理のコスト削減効果は、私の場合ですと規模が大きいこともあり年間500万円です（詳細は第3章以降に記載があります）。

これは家賃売上げ約1億円の5%もの削減になります。500万円という金額は、新規で1億円クラスの一棟マンションを購入した場合の、手残り増加分よりインパクトがあります。

削減項目に関して具体的にいうと以下の項目になります。

○管理委託費

通常5％程度かかりますが、自主管理の場合は当然ゼロになります。私の場合は、まず3％にし、その後ゼロに近づけました。2段階で自分への負荷を上げていったのです。

○修繕費

一般的に経費の2～3割がかかります。私の場合、修繕はもともと自分で対応していたので、コスト的にはほぼ変わりません。

ただ、基本的には自分でリフォーム業者を見つけてくるのですが、管理会社にも発注しないと悪い印象を与えてしまうので、顔色をうかがいながら時々は言い値で発注することもありました。差額が小さいときだけのことですが、それでもその分のお金は浮かせることができたと思います。

○客付けコスト

広告費や契約の事務手数料を削減できるため、繁忙期に自分で対応することで2分の1、3分の1は安く済みます。また、第4章で紹介する大家さんの直接募集サイトによる自己客付けができれば、コストはほぼゼロになります。

昨春の繁忙期シーズンの客付け単価と件数を数えて計算したみたところ、1件あたり広告料1・5カ月+事務手数料が1カ月かかっていました。それが今年は準管理に変えたことで、広告料1カ月、事務手数料が0・5カ月になりました。

広告料と事務手数料の実績が去年の単価だと、総額232万円かかっていましたが、今年は95万円程度になったので約140万円のコスト削減ができたことになります。

なお、自主管理にしたところで私の稼働はほぼ変わりありません。

それというのも1週間に1回の電話があるかないかのレベルだからです。しかも電話の内容は、「家賃振替の口座を変更したい」「駐車場を契約したい」など簡単なものです。

自主管理に切り替えた目的②　利便性向上

自主管理のメリットの2つめは、入居者にとっての利便性の向上です。設備の故障・破損したときも、管理会社を通して発注するよりもスピーディに対応できます。

24時間対応のコールセンターを持つ管理会社だと、「いつでもすぐに対応してくれる」と考えてしまいがちです。しかし、それは勘違いです。

実際にはコールセンターが受付をした後に、管理担当者へ申し送りされます。さらに話を聞いて大家へどう対応するのか確認をとります。その後、ようやく業者が手配されて入居者へ連絡・・・という流れになります。

この間、入居者は待たされていたわけですし、状況によってはコールセンター、管理担当者、業者に同じ話を3回も説明しなくてはならなくてフラストレーションが溜まってしまいます。

しかし自主管理の場合、入居者またはコールセンターから大家へ連絡が来るので、状況把握のやりとりは1回で済みます。すぐに発注できなくても「今は確認中ですので、夕方には返事をします！」とレスポンスすることも可能です。このような迅速な対応は入居者にとっては安心感がありますし喜ばれます。

例えば、こんなことがありました。２０１８年12月下旬に物件の給湯器の調子が悪くなり、給湯器交換手配が必要になりました。

管理会社提携の業者に打診した場合、年明けの派遣になるとの回答でした。

これが自分で開拓した年中無休の業者は、電話で依頼した2日後には交換工事ができました。しかも機器・施工代は約1万円安かったです（今までも5営業日以内には交換できていました）。

その理由は、事前にその業者へ交換依頼予定のマンションの給湯器を現地調査してもらってあり、予備機や部品を押さえていただいているからです。全てそこにお願いする、という約束で事前準備しています。

自主管理に切り替えた目的③ 管理スキルの向上（経験値アップ）

物件管理スキルをつけるには、自主管理するのが一番です。業者手配をする場合でも、内容がわかるとスムーズに手配できます。

自分で直接業者とやりとりすることにより、施工金額の相場がわかり、交渉も可能になります。自分で直接入居者とお話することにより、意外と水まわりの細かい要望があることもわかりました。

例えば、入居したばかりの方から「浴室シャワーの水圧が低い」と、入居時チェックで発覚しました。これの対処として節水シャワーヘッドを購入してお渡ししたら、とても喜んでいただけました。

管理スキルは自分でいろいろ体験することで向上していきます。いくら本をたくさん読んで知識が身についたとしても、実践するとまた違います。

これは水泳の教則本を読んでも、実際に泳がなければ習得できないのと同じです。そうしたことは経験を積んでおくと、事前に対策もできるようになります。

自主管理に切り替えた目的④ キャッシュポジション向上

最後はキャッシュポジションの向上です。こちらは私にとって予期せぬ意外な効果でした。

自主管理を開始するにあたり、家賃収納の面を考えて、家賃保証会社7社と契約しています（実際に収納まで行っているのは4社）。

集金業務を自分で行うことで、管理会社に委託しているよりも家賃が早く入ります。

通常なら当月15日振込ですが、それが前月の末（27日）になるのです。

したがって、常に1カ月分の家賃が口座に入っていることになります。

私の場合は毎月900万円近くになるので、何か突発的なトラブルが発生してもすぐに対応できます。

規模が小さい人でも、お金が先に入るのは精神的にも余裕が出ます。修繕の費用も工面できるからです。

通常キャッシュポジションを上げようと思えば、売却等が主な手段です。そのようなことをせずに、仕事のやり方を変えるだけで実現できるから取り組みやすいです。

この現金が有るか無いかは大きな違いです。以前、4半期末に口座残高が少なめだと、「50万円入れてください」「100万円入れてください」と銀行から頼まれることもありました。

しかし、現在は一切言われなくなりました。毎月のように月末になると口座に現金があるので、銀行からの見られ方も変わります。家賃全体のうち大半を前月27日に収納し、4割程度は翌月20日・25日に銀行返済にまわります。

まずは24時間コールセンターの体制を整備

管理会社に自主管理する意向を伝えてから開始するまで約3カ月、自主管理の仕組みを作る時間は十分ありました。

今までトラブル時の業者手配は自分で行っていましたが、家賃収納と24時間電話受付がネックで、自主管理に踏み出せませんでした。

自分の携帯電話に入居者様から入電があっても良いのですが、旅行中など、すぐトラブル対応できないこともあります。また、百件以上の家賃振込を毎月チェックして家賃督促するのは気がひけます。

家賃収納は家賃保証会社と契約することで直接収納できるようになりました。

入居者様からの入電は24時間コールセンターと契約することで課題解決できました。私の場合、以前は管理会社が運営するコールセンターで入電を受けていたのですが、現在はネット検索で見つけたアクセス24と契約しています。

スターツのグループ会社でコール受託数（登録戸数）が全国で何十万戸もあり、実績があるコールセンターです。

アクセス24の基本料金は100戸まで月2万2000円、200戸まで月3万円と割安です。

このアクセス24の場合、私は何回か打ち合わせをして契約内容をカスタマイズしました。

コールセンターの申し込み時には、断水や鍵の紛失、水回りのトラブルなどが発生した際に、どのような対応をするのかについて打ち合わせをしておきます。

例えば私の場合、断水のときは普段給水ポンプのメンテをお願いしている施工業者に電話がいきます。鍵に関しては大半を電子錠にしているので、電池切れで開錠できない場合は事前に伝えた対処方法で対応してもらいます。

また、エアコンやガス給湯器が壊れたら、私がいつもお願いしている業者に直接連絡がいくようになっています。つまり、「対応がわからないときに限り自分に連絡が来る」ということです。


それではコールセンターに申し込みをするとき、最低限どの業者を押さえておくべきなのでしょうか。

まず、普段から依頼しているリフォーム業者が挙げられるでしょう。また、火災報知器が鳴りっぱなしになったときのために消防点検の業者もいると安心です。

その際、業者によって夜間や土日でも対応できるのかを確認するため、「コールセンターから電話が来た場合、夜間休日の対応は可能でしょうか？」と質問しておくのがいいでしょう。

もし手配ができなかった場合、「翌日まで待ってくださいとアナウンスしてもらえますか？」と伝えておきます。

もし懇意にしている業者がない場合は、スターツグループが全国にあるので、少し金額は高いですが、緊急対応を含めて依頼できます。

以前、夜中に給水ポンプが壊れたことがありました。私の依頼している業者が対応不可のため、スターツグループの契約業者に来てもらったのですが、もし契約をしていなかったら、翌日の日中まで対応できなかった可能性もあります。

大手だけに専門業者をきちんと抱えているので、良いサービスだと感心しました（詳細は第6章に記載）。スターツグループは基本的に全国対応ですが、都市圏が中心だと思います。

なお、月2万2000円（+税）は安いように思えるかもしれませんが、これはあくまで基本料なのでコールがゼロでも発生するコストです。コールは別途1回につき1500円（+税）がかかるので、できる限りコールが来ないことを祈っています。

退去の連絡や更新を依頼する連絡も1件扱いになってしまうため、そうしたときはコールセンターではなく自分に連絡をしてもらうようにする必要があります。

コールのカウントの仕方ですが、例えば「エアコンが壊れました」という連絡が来たら1件にカウントされます。その後、「いつまでに来てもらえますか？」と問い合わせの電話が来た場合、これは1案件内と見なされるので費用は発生しません。

また、水が断水して複数の入居者から連絡が来た場合も1件としてカウントされます。

とはいえ、私の場合、コールセンターが24時間対応するということで、火災保険と合わせて毎月1000円（+税）を入居者から頂いています。そのうえで「コールセンターの番号はこちらですが、なるべく直接私にご連絡ください」とメールで伝えています。

一般的に入居者からクレームの連絡があるのは気が重い話ですが、私からすると、それでワンコール分の費用が浮いたことになるので精神的なダメージはありません。むしろ「良かった！」と安心するくらいです。

入居者の火災保険への加入をどうするか

通常、入居者は契約時に火災保険料で2年間1万5000円程度を支払うものですが、そのお金を払えない人もいます。そういう人に対して24時間サポートと組み合わせて月1000円（＋税）で提供すると、そちらに入ってくれます。

保険は、準管理を依頼している管理業者が代理店を担っています。そこの少額短期保険に入れてもらっています。

火災保険は1部屋あたり月額単価500円弱で、24時間コールセンターの1部屋あたりの月額単価は300～500円になります。

ただし、入居者からの入電1件につき費用が追加になり、多数の入電があると赤字になります。しかし、基本的には入居者からいただくお金で24時間コールセンター費用を賄うことができます。

火災保険には『生活安心QQサービス』という使い勝手の良いサービスが付いています。水周りや鍵のトラブル時に専門業者が駆けつけてくれ、30分程度の作業費なら無料です。

オーナーが保険を申し込む場合は、物件購入時に火災保険に入りますが、施設賠償と共に「借家人賠償」というものがあります（実際には、これに加えて家財保険も入ってもらう必要があります）。

例えば、洗濯機の水漏れなど他者への被害も補償されますが、1部屋につき年間1000

円程度で加入できます。これには救急サービスは付きませんが、それでも大概のことは対応できるはずです。

その上で、入居者からは24時間コールセンターに加えて、借家人賠償に加入してもらえばいいと思います。実際、私は半年以上この仕組みを運用していますが、保険を使ったことは一度もありません。

サラリーマン大家さんなどは手間をかけられないと思いますので、借家人賠償にしてコストカットするのがおすすめです。

最低限、借家人賠償に入っておけば、高額な請求をされたときも使うことができます。これで困るのは入居者の家財くらいです。もしも高級な家財を持つ入居者が入って来た場合は、家財保険を検討すればいいでしょう。

保険加入を任意にした場合、都民共済（県民共済）のオプションで火災保険に入ると、家財200万円の保障も含んで建物の構造によりますが、月数百円レベルと大変安いです。入居者からすると、火災保険だけのプランで1万5000円も払うのなら、こちらのほうが負担も軽いのでありがたく思うでしょう。

大半の人は、借家人賠償のことを知らず、「火災保険に絶対に入らないといけない」と信じていますが、実際にはそんなこともないのです。

現実には、保険を使う場面は年1回あるかどうかということもあり、オーナーの出費がゼロでコールセンターも保険も導入できるのです。

2018年12月、入居者へのご案内

私の場合、所有している130戸を一括で切り替えるのは現実的ではなかったため、2段階に分けました。

昨年12月に6割（主にファミリー物件）、2月に残り（主に単身物件）と2段階で切替えています。切り替え1カ月前頃に、入居者へ管理会社変更のお知らせ案内や、口座振替依頼書の提出を依頼しました。

そして、12月から開始しましたが、24時間コールセンターはきちんと稼働しています。

私は自主管理に切り替える前、「自主管理にしたら、入居者からどんどん電話がかかってくるのではないか？」と不安でした。

ところが実際の問合せ数は、開始当初の12月で6件、1月は2件、2月に11件（主に入退去の関係）、3月は1件と落ち着いてきています。4月も1件のみです。

コールセンターの対応履歴がリアルタイムで見え、事前登録すればコールセンターから直接指定業者を手配でき、利便性が向上します。

今までは管理会社のコールセンターで受電し、管理担当者から私へ連絡が入り、それから業者を手配をしていました。今では受電時に、オーナー指定業者へ直接手配することができるので時間短縮になります。

なお、現在のコールセンターの問合せ数は月2件程度です。なぜなら家賃収納に際して、最初に入居者へ連絡をとっているからです。直接メールや電話でやりとりしているため、何かの際にコールセンターまで電話されるのでなく、入居者から直接メール等で連絡が来ます。

それなら24時間コールセンターなんて必要ないのでは？　と思われるかもしれません。しかし、大家が対応できない真夜中のトラブルで、コールセンターで対応完結できた事例があります。

1月の夜間でした。貯水槽にある給水ポンプの調子が悪くなった際は、速やかにコールセンターから専門業者へ対応を依頼し、応急処置をしてもらうことができ、翌朝までには復旧しました（第6章で紹介）。

そのため、コールセンターは基本料金がかかりますが、有ると安心なので、しばらくこの体制でいこうと考えています。

なお、更新業務や現地対応業務は、物件近くの松戸市の不動産会社と契約し、いわゆる準管理を委託しています。自分で対応できない（知らない）事象が発生した場合の保険として、気軽に相談できる相手（準管理会社）が必要だと考えました。

準管理会社には、更新業務・退去後確認・車庫証明発行・各種お知らせ文書配布など現地対応をお願いしています。準管理についての詳細は第3章で紹介いたします。

自主管理切替後に大変だったのは家賃収納

自主管理に切替えてから一番大変だったのは、意外にも家賃収納でした。

注意していただきたいのは、家賃収納の変更の連絡を、最短でも1カ月前にはきちんと伝えなくてはいけないということです。そうしなければ、待てど暮らせど家賃が入ってきません。

また、伝えたつもりでも、そのことを忘れている人も出てきます。ですから、繰り返し言わなければなりません。

詳しくは第6章で紹介していますが、1カ月前に管理会社変更（自主管理に切替えの旨）と、家賃振込み口座の変更を入居者に通知文書でお知らせしていたにも拘わらず、きちんと期日までに収納いただくことはできませんでした（保証会社の家賃振替サービスに当初から加入されていた方は1割強）。

切替直後の12月頭に家賃収納できたのは、体感的に3割くらいでした。中旬で5割、25日頃にようやく収納完了しました。なお毎月、20日と25日には銀行返済があるので何としても家賃回収しないと大変なことになります。

実際に自主管理へ切り替えた初月は、ローン返済の日が近づいても家賃回収ができておらず、返済日までに間に合うのか焦りました。

しかし、いきなり電話をするのは気が引けたので、まずは携帯のショートメールから連絡をしていきました。それでも見ない人がいるので、手紙を投函しました。

また、もともとお金が無く生活するのに精一杯の人もいるので、そういう人に対しては保証会社の代位弁済という形を取りました。ただ、大半の人は単純に忘れていただけで、少し遅れて振り込んでもらえました。

結局、切替後、2カ月が経ったところで正常化しました。

ちなみに物件の家賃帯により、家賃収納のイメージが異なります。家賃が高め（9～10万円）のファミリー物件なら皆さん早めに入金いただけますし、保証会社の家賃振替サービスでも、残高不足の方はあまりいません。

家賃帯が安めの物件（5～6万円）はこの逆の場合があります。これはあくまで私の保有物件の話ですが、参考にしていただけたらと思います。

家賃督促の方法とタイミング

なお、家賃が振り込まれる日は前月の27日というように毎月同日です。直接振り込んで来る人に関してはエクセルで管理しています。

例えば6月の家賃の場合ですと、6月2、3日になっても振り込まれていなければ督促をかけはじめます。伝えてから1週間以内に振り込んでもらうようにお願いをします。

この例でいうと、一般的には6月7日くらいになったら督促をかけるということです。

私の場合は、管理委託費を3％にするタイミングで「家賃収納はすべてこちらで行います」と伝えていたため、自分で対応しなければなりませんでした。

ただ場合によっては、管理委託をしていなくても、客付け会社が家賃の督促をしてくれるケースもあります。傾向として東京（首都圏）の不動産会社は管理と客付けの業務が明確化されています。

地方の場合では、自身が客付けした物件に対しての責任感が強く、クレーム対応も客付け会社にお願いできるケースがあります。まさに管理会社のように機能するわけです。

ですから自主管理で客付け会社に入居募集をお願いする際、客付けした後にどのようなサービスがあるのか確認してみると参考になるでしょう。

できる限り口座振替にする

保証会社によっては、保証会社から入金されるケースもありますし、入居者から直接振り込んでもらうこともあります。ただ、入居者からすると振り込み忘れもあるので、口座振替を望む人が多いといえます。

私の場合、以前の管理会社から自主管理に変更の際、大半を口座振替できるようにしました。入居者に対して、「管理会社、振込先が変わります」という手紙とともに口座振替の用紙、返信用封筒も付けて配布しました。もともと口座振替の人もいたので、100件のうち3分の2くらいに配りました。

一般的に振込方法は、直接大家に払うか、保証会社の口座振替を使うかのどちらかです。

私は後者に切り替えたということです。

保証会社からは明細が届き、しかも全保連だと口座振込先をウェブで操作できます。

例えば、入居者が申込書を書くときに免許証などもスキャンして送ると、「審査を通過しました」「保証人が必要です」などネット上で完結できるのです。ウェブ操作は普通の会社員の方であれば問題なく使えるレベルです。

契約中の家賃保証会社リスト

前述したように自主管理であっても管理委託をしていても、家賃保証は必須です。自主管理であっても契約を客付け会社にお任せするのであれば、その客付け会社が使っている保証会社をそのまま利用できますが、自身で契約まで行いたいのであれば、家賃保証会社の加盟店になりましょう。

私は現在、7社の保証会社と契約しており、保証会社に審査をかけるのも全て自分でやっています。

○家賃収納含めた収納型で利用している4社
・大手の全保連(以前は100%こちらに依頼、今は7~8割)

・審査緩め（保証人無しでＯＫ）のＪＩＤ（日本賃貸保証）社。審査結果が早い（今は１割弱加入）
・審査きびしめ（カード会社）のオリコ社。審査結果が早い（現在１割弱加入）
・外国人専門のＧＴＮ社（日本人の保証人無しでＯＫ）（現在数名加入）

○管理会社変更のため契約引継ぎの３社（収納せず事故報告型で利用）
・日本セーフティー社（審査緩めの印象）
・クレデンス社（審査緩めの印象）
・アクシスコミュニティ社（保証人を立てると保証料が安くなる）

これらの保証会社の加盟店になっており、原価で利用できます。

初期費用のハードルを下げるために、保証料を賃貸人負担にしている物件が多いです。通常、保証会社から加盟店には１割程度の事務手数料の戻り分があり助かっています。

保証会社への加入料は家賃０・５カ月ですが、全保連は「学生キャンペーンで１万円」などお得なキャンペーンもあります。また、リピーター割引で加入料０・２カ月のサービスもあります。これは意外に知らない人が多いです。

また、これまで30件近く契約しましたが、その倍近くの予審をしています。おかげで入居者の属性を見たら、どこの保証会社なら通って、どこはダメなのかが即時にわかるようになりました。

そのため、入居者の属性に合わせて、どの保証会社が一番お得か考えて審査をかけるので時間の節約になります。これもある種のノウハウだと思います。

保証会社の加盟店になる方法

私自身は7社の家賃保証会社と契約していますが、当初は知人の大家さんに聞いても、保証会社の加盟店になる方法を誰も知りませんでした。そこで私は全保連の代表電話にかけて聞きました。

結論としては、まず個人ではなく法人でなければなりません。そして法人でも、定款に「不動産の管理」という言葉が入っている必要があります。また、自宅兼事務所でもいいので、営業マンが来られるスペースがなければなりません。

私の法人の場合、定款に記載があったので、FAXで定款を送り、電話をして130戸所有している旨を伝えたら、翌日に営業マンが来て契約ができました。

ただ、私のように所有戸数が100戸以上の規模であれば、保証会社を5社程度契約して加盟店としてやっていくほうが効率的ですが、規模が小さい個人の大家さんであれば、こうしたやり方はハードルが高いかもしれません。その場合、「カーサ」を活用するのがいいでしょう。「カーサ」は個人の大家さんでも契約できる家賃保証会社です。

もしくは、契約業務は客付け会社に任せて、客付け会社から家賃保証会社へ契約してもらうのが現実的です。

大家さんと家賃保証会社が直接契約するメリットとしては、審査結果がすぐにわかることです。管理会社が間に入って、仮に土日が休業であれば時間がかかる恐れもあります。

一方で保証会社直接ですと、例えば全保連はほぼ年中無休なので、審査依頼を出した当日に結果が判明することもあります。オリコだと1時間ほどとスピーディです。

どこの保証会社に入るか迷っている人は、全保連に加入しておけば間違いないと思います。最大手であり安心でき、私も7～8割は全保連です。

次点としては、最古参で歴史がある日本賃貸保証株式会社（JID）です。対応も早く信頼度が高いです。外国人入居も対応しているならGTN（グローバルトラストネットワークス）もおすすめです。

また、知らない人が多いのですが、保証会社は管理会社へバックマージン（初期保証料の10～20％）を支払っています。そのバックマージンが自分自身に支払われることもあります。加盟店になることで、他の不動産会社と同様に原価で利用できることになるのです。

なお、家賃滞納による強制執行も保証会社と契約していれば、金銭的な負担もなくシステマティックに行えます。

家賃滞納があって事故報告をすぐに行えば、3カ月程度で内容証明が送られ裁判に進んでいきます。家賃保証会社から弁護士事務所に依頼されるため、担当弁護士と打合せを行い、その後の進展状況はその都度書類で送られます。

強制執行まで半年程度の時間がかかりますが、その間の家賃も全額保証してもらえます。実際に全保連は滞納3カ月になる直前から債権担当の担当者が動いてくれ、早期に解決できました。

第3章

簡単&すぐにできる「管理契約の見直し」

第3章では、簡単ですぐに実践できる管理契約の見直しについて解説をします。

管理会社との契約書は、売買契約書や重要事項説明書と比べて、しっかりチェックしていない投資家さんも多いと思います。

意外とこちらに不利なことも書かれていますので、まずはよくチェックしてください。

そして、管理委託の契約を結んだままでもできるコスト削減にチャレンジしてみましょう。自主管理への切替えを目指す方は、違約金などを発生させない形で自主管理に移行していきます。

現管理会社との契約確認

自主管理への切り替えにあたって、まず行うのは「現在の管理会社との契約を確認すること」です。

例えば、「3カ月前（あるいは半年前）に契約解除を伝えれば解除ができる」というものですが、この段階で現状を把握しておきます。

通常、管理会社と契約をすると、最低でも半年から1年は変更ができません。なぜなら2～3カ月で変更すると、入居者が混乱してクレームが来る恐れがあるからです。ですから、その期間に他社へ切り替えるか、自主管理するのかを見極めなければなりません。

もし将来的に自主管理がしたいと考えているならば、外注先を少しずつ探していくことからスタートしましょう。

もしくは、原状回復などで高額な請求をされないために、細かい工事やハウスクリーニング業者などを自分で発注する習慣を身につけましょう。

そして、徐々に自分で対応できる自信がついてきたら、徐々に切り替えをはじめます。


3カ月前に契約解除を申し入れなければならない場合なら、3カ月以上前から自主管理を考えていることを打診します。

そうすることで管理会社も「自分たちに原因があるのでは？」と気づいて、対応が改善される可能性もあります。

管理会社を反省させる意味では、自主管理についての打診をしなくても、他の管理会社に変更することをさりげなく伝えてもいいでしょう。

入居者との契約状況も確認

管理委託の継続の検討中に、入居者が契約更新のタイミングを迎えた場合、まず家賃保証会社に加入していない入居者がいたら、自腹で保証料を払ってでも、加入してもらうようにしましょう。

これは管理会社にその旨を伝えれば、まず入居者に保証料を払ってもらうよう交渉してくれますが、もし難しかった場合、自分で払ってでも加入したほうがいいです。

また、契約更新のタイミングで家賃保証会社の口座振替に変えてもらったほうがベターです。

こうした準備は、半年から1年程度かかるため、できるだけ現状の管理会社と契約している間に対応してもらいましょう。

ほかにも、典型的なクレーマーがいる場合、どのようなやりとりがあるのか業務量を判断することも大切です。

毎月レポートを送ってくれる管理会社もありますが、それを見て月に数十件と膨大なクレームが来ている物件があるのなら、管理会社にお願いしたほうがいいでしょう。通常は月に数件くらいです。

ちなみに私が所有している全１３０室においては、入居者から週に1回電話があるかないかのレベルですから自分で対応することが可能です。

打診の順番は今委託している管理会社から

切り替え前の準備として、まず他の管理会社に準管理契約が可能かを聞いてみます。そのとき、基本的には物件の近くの不動産会社にお願いするのがいいでしょう。

そのうえで、今自分が契約している管理会社に「3%で準管理に変更することは可能ですか？」と担当者レベルに聞いてみるのがおすすめです。

もし焦って順番を間違えると、準管理をしてくれる管理会社がない状態で、いきなり自主運営していかなければならないため、そこは慎重に進めましょう。

準管理を提案する際、現状で委託している会社が大手の管理会社の場合なら伝えにくいと思います。基本的に準管理は、大手の管理会社は引き受けておらず、可能性があるのは新興の管理会社や小回りが利く小規模会社になります。

それでもダメ元で聞いてみましょう。

「自分でもある程度は対応するので、今の5％の管理委託料を3％に下げてもらえませんか？」という打診を担当レベルにしてみると、回答がもらえるはずです。

なお、準管理を依頼する際は、ある程度のボリュームがあったほうが交渉しやすいです。例えば私の場合、松戸に何棟も所有しているので、松戸の物件ならまとめて準管理で対応してもらえます。

ただ、エリア外の物件がすべて自主管理なのかというと、そうでもありません。私の場合、ある程度の遠方であってもエリア内の物件と合わせてお願いしています。

ただ、それは「レインズに載せてもらう」「空いたときに募集をしてもらう」「契約のときに書類を作成してもらう」などです。

「準管理」は交渉の世界、決まったルールはない

では、もし「準管理という仕組みはない」と管理会社に断られたらどうすればいいのでしょうか。

この場合の選択肢は2つあります。

1つは「自主管理」、もう1つは「他社と契約する」です。後者の場合は目処をつけておく必要がありますので、まず他の管理会社に打診しておきます。

『ウチコミ』（第4章で解説）のエージェントで、個人で業務を行っているところであれば、融通が利く会社が多い印象です。

もしくは客付けの会社で日頃からお世話になっている会社があれば、準管理で引き受けてくれないか打診するのも一手だと思います。

基本的にはどの管理会社も準管理プランを持っているわけではありませんが、問い合わせる価値はあると思います。

そもそも準管理は交渉の世界であり、「業務はこれとこれだけでいいので、準管理を3％でお願いできませんか？」と提案し、うまく話がついた場合のみ引き受けてもらえます。

築古物件で管理に手間がかかり入居付けも難しそうな物件であればともかく、物件に競争力があって客付けや管理に苦労しないのであれば、管理料3％で引き受けてくれる業者も出てくるはずです。

ちなみにエリアによっては、通常の管理委託でも3％で引き受けてくれる管理会社があるようです。首都圏エリアだと、実際に3％の委託料の管理会社が存在します（例：ランドネット社など）。

私の場合、以前から客付けなどでお付き合いをしていた不動産会社に聞いてみたところ、引き受けてくれるので依頼しました。

その他にも客付けのお願いに行くと、複数の不動産会社から「うちに是非やらせてください」と言われています。

そのとき、「実は自主管理をしていまして、今は現地対応を3％でお願いしていますが、今後はゼロにしようと考えています」と伝えると、「ゼロはちょっと・・・」という回答が来ました。

ただ、ゼロといっても管理会社は更新時の契約料や事務手数料が収入になります。これは戸数が多ければ、半自動的に入る収入となります。

このように契約更新業務だけを管理会社へ委託するやり方もあります。

次ページに準管理と一般的な管理委託の内容を一覧表にしましたのでご確認ください。

一般管理と準管理の内容一覧

	賃貸管理コース	準管理コース	一般管理コース
	取引様態	専任	専任
	管理費	3%	5%
	広告費	○	○
募集活動	募集条件提案（再査定）	○	○
	入居募集	○	○
	入居申込受付・入居審査	○	○
	賃貸借契約入居サポート	○	○
	貸室の入居前チェック・鍵交換		○
出納管理	家賃集金		○
	収支明細の報告		○
	マンスリーレポートの呈示		
	滞納賃料の初期督促		○
	保証会社へ滞納状況報告		○
	滞納賃料の法的手続きサポート		○
	家賃の滞納補償		
	トラブル・クレーム1次受付	○	○
	トラブル・クレーム全対応		○
	24時間受付対応		△
	空室のモデルルーム化		
	空室の定期巡回管理		
	更新・（再）契約処理	○	○
	解約受付・募集条件提案	○	○
	退居立会い	○	○
	原状回復工事の提案・負担調整	○	○
	原状回復工事の手配	○	○
	敷金精算	○	○
	原状回復費用補償		
メンテナンス	日常清掃	別途	月1回
	定期巡回点検・報告		
	設備の法定点検手配		

これは今私がしている契約内容で、細かい部分は各社によって変わります。一例として参考にしてください。

一般管理と準管理では、どの部分をどのように依頼するのかは各社で異なるものの、準管理はおおむね一般管理の項目の半分程度をお願いします。

ただ、これらは客付け会社に依頼することもできます。その場合は管理費がゼロで、契約に関わる手数料や広告費は支払います。

募集条件はオーナー側が決めて客付け会社の意見を聞きます。収支の明細は出てきませんが、会社によっては家賃滞納の督促やクレーム対応もしてくれます。

部屋ごとに客付けした会社が変わる場合、複数の会社が連絡窓口になる煩雑さがありますが、家賃収納や建物メンテナンスを大家が手配して、その他の入居者に関わる部分は客付け会社に任せている自主管理の大家さんもいます。

なお、こちらが希望しない限り、準管理の管理会社は退去立会いをしてくれないのが一般的です。会社によっては1万円程度お金がかかることもあります（工事発注があれば、その費用がかからなくなるケースもあります）。

ただ私の場合、退去立会いは一切しておらず、鍵だけ置いていってもらいます。私の物件の郵便受けは全てダイヤル式で本人しか開けられない形態です。普通の鍵や電子錠の場合は、カードキーを封筒に入れて郵便受けに入れてもらうイメージです。電子錠の場合は、入居者が設定した暗証番号も合わせて聞くようにしています。

退去後、まずハウスクリーニングを実施します。ハウスクリーニング代は契約でもらう規定で、もし追加で破損等が見つかれば写真を撮って細かく見積もりを挙げていきます。どうしても退去立会いをして欲しいという入居者がいたこともありましたが、そのときは「ハウスクリーニング代しか請求しないので安心してください」と説明しました。その入居者はクレーマー気質でしたので、トラブルに発展させたくなかったのです。

準管理に近い内容を客付け会社へ依頼も可能

また、自分で契約業務を行わないなら、客付け会社に契約・退去立ち合いをお願いする自主管理のやり方もあります。

前述したように有料になる可能性がありますが、ハウスクリーニングや原状回復工事を発注することで無料になるケースは多いです。

もちろん、自分が近隣に住んでいて対応できるのであれば、それに越したことはありません。現地まで自分が物理的に行けるかどうかが判断基準になります。

今でこそ私は自主管理に対してハードルの高さを感じませんが、管理会社に任せきりだった時期を考えると、「すべて自分で！」というのは困難です。

ですから、まずは依頼する項目を絞ったうえで、自分では対応しにくい点をお願いするのがいいかと思います。

「自分では対応しにくい点」とは、例えば遠方の物件であれば現地巡回になります。

私の例でいうと、松戸の物件は管理委託費を3％に下げてもらい、掃除はシルバー人材センター等にも頼むのですが、それとは別に除草や粗大ゴミが出されたら、その回収を行ってもらう場合もあります。

また、消防点検・貯水槽清掃・雑排水管清掃・設備のメンテナンスの案内の貼り紙をしてもらうケースもあります。

とはいえ現実には、管理会社に張り紙を貼るのを忘れられることもあり、自分で月1回程度は現場に足を運んでいます。

たとえ、もし貼り忘れていたことがあったとしても、厳しい言葉を投げかけてはいけません。「剥がれたようなので、貼っておきました」と伝えるのがいいでしょう。

また、あまりない例ですが、入居者が鍵を無くした場合は持って行ってもらう必要がありますが、私が所有する物件は大半が電子錠なので、なおさらあり得ないパターンです。

くわえて、車庫証明の発行をするのと同時に、自転車登録のシールが欲しいと言われたら制作してもらっています。

車庫証明の発行は、とくに不動産会社でなければならないということはありません。入居者から依頼を受けたら、書類に法人の捺印をすればそれで終了です。

また、「トランクルームだけ使いたい」などの細かい契約の場合、自宅から1時間程度で行ける範囲の物件なら自身での対応は可能かと思います。私の場合、管理委託から準管理委託に切り替えて、管理会社に現地対応や契約関係などを頼みました。

管理委託から準管理委託に切り替えた結果

通常の5％の委託管理で月に45万円近い費用を支出していたのが、準管理に変えてからは25万円程度に下がりました。

準管理に切り替えて感じたのは、月に25万円程度の業務量が私個人に対して発生すると考えていたのですが、業務量的には週1回の電話があるかないかのレベルでした。

とはいえ、お願いする事項も月1本程度なので、それだと月25万円は高いと思ったわけです。15万円程度でいいと感じました。

松戸の矢切には4棟の所有物件がありますが、週1回で行くこともできます。ですから、「自分ですべて対応するので、管理手数料をゼロにしてほしい」と管理会社に伝えることも可能だったのですが、そこまで値切ることに抵抗があったため、矢切の物件は月5万円、それ以外は3％に変更しました。すべて合わせて15万円ほど支払っています。もともと45万円近くだったことも考慮すると、約30万円の削減になっています。

宅配ボックス

しかも、コストカットしたところで私の手間が増えたわけではありません。

24時間コールセンターに連絡が入るのが月1~2件、入居者からの連絡もメールか電話で週に1回あるかないかという現状です。

直近であったのは、口座振替のために用紙を送ってほしいというものでした。

なお第4章で紹介する退去部屋の募集コスト、第5章で紹介する原状回復工事コストの削減効果も考えると、やはり年間500万円程度の削減になりそうです。

コスト削減できた費用は物件の共用部のバリューアップ費用・・・宅配BOXの設置、除草工事（砂利敷工事）といった工事費用にまわして入居者に還元しています。

第4章

費用対効果バツグン「自己客付け」

第4章では、自分で客付けする上でのステップを初級編・中級編・上級編に分けて解説していきます。

自己客付けは自主管理大家さんはもちろん、管理会社に委託しているケースでも意識の高い大家さんであれば、自身で客付けに動いている方も多くいらっしゃいます。

自主管理をしない大家さんであっても、客付けのテクニックを知っておけば、自身の物件を高稼働させることができます。

特に初級編は簡単な内容なので、ぜひ、参考にしていただけたらと思います。

自己客付けは段階を踏んでチャレンジ

私の場合、自己募集客付けは、『ジモティー』と『ウチコミ』で行っています。私は空いた部屋の大半を自己募集客付けしていて、約4割はジモティーとウチコミで客付けした実績があります。

なぜ、これらの募集サイトに力を入れているのかというと、まずジモティーの場合、広告手数料がゼロだからです。ウチコミの場合、成約したときには1カ月分の家賃+消費税がかかります。ただし広告費はゼロです。

広告費というのは地域によって相場が変わり、都内好立地であれば広告費なしでも客付けが可能ということもあります。関東圏では1～2カ月程度が多いと聞きます。

対して、需給バランスが崩れている地方などは、3カ月や4カ月、なかには5カ月分も支払わなければ客付けのできないエリアがあるそうです。

つまり同じ家賃5万円だとしても、客付けのコストで利益がまったく変わってきてしまうのです。

私には自分の物件をジモティーとウチコミで客付けできる自信はありますが、早期に客付けしたいため、これと並行して客付け会社にも頼んでいます。

そのため、近隣の客付け会社を回るときもあります。基本的にドミナント戦略を採っているので、ある物件に行ったら周辺の客付け会社にも足を運ぶという方法です。

ただし、募集サイトを使いこなすのは簡単ではありません。そこでファーストステップとして、管理会社に依頼している人はマイソク（募集図面）を出してもらって、それを持って客付け会社を回りましょう。

そして、客付け会社へ挨拶をすると共に関係性を築きます。そのやり方の詳しい方法は次項を参照してください。

【客付け初級編】客付け会社（賃貸仲介会社）攻略テクニック

①客付け会社へ依頼前のチェック

初級編は、「客付け会社に依頼する」ことです。

これまでは管理会社が客付け会社に頼んでいたり、管理会社が自分たちで客付けを行っていたと思います。それに加えて大家さん自身が客付け会社に依頼する状況に変えるのです。

その前提として、まず自分の物件を紹介されたり、ネットで掲載されてもいいように、商品化しておくことが必要です。

具体的にいうと、リフォームが完了しているか、部屋がキレイになっているか、原状回復工事が終わっているかということです。内見した人に対して良い印象を与えられるような状態にしておかなくてはなりません。

これは室内だけでなく、共用部分についても同じことがいえます。廊下や階段、ゴミ置場、除草して外観などもキレイにしておきましょう。

②写真・動画・募集図面の作成

また、客付け会社に掲載してもらう写真も専門のカメラマンを雇うようにしてください。さらには写真だけでなく動画もあると、より望ましいです。そして、管理会社にお願いできるうちにお願いしたほうがいいです。

私の場合は、前の管理会社に依頼しているときにモデルルーム用の家具を購入し、写真専門学校の学生に撮影してもらいました（第5章に写真で紹介）。

これは大家さんが直接入居募集できる賃貸情報サイト『ウチコミ』でも有料サービスで行っています。写真だけなら1～2万円程度でお願いできるはずです。

また、ゆくゆくは準管理、自主管理へと切り替えていくことを検討されているのであれば、管理会社に委託している間にマイソク（募集図面）も作成してもらいましょう。客付け会社を回るときにマイソクがないと、なかなか話を聞いてもらえないからです。

マイソクは一度管理会社からもらっておくと、自分で修正して再利用ができます。実際、私はエクセルデータをもらったので、自分で改変して使用しています。

もし管理会社からマイソクをもらえないのなら、デザイナーに発注すれば1～2万円程度で作成してもらえます。デザイナーは『@SOHO』や『ランサーズ』などでクラウドソーシングサービスを使って探すことができます。見本を付ければ簡単にオーダーできますし、一度作成してもらえば、あとは自分で改変できます。

③ 客付け会社へ訪問・依頼

ここまで準備が終わったら、物件の最寄り駅など近隣にある客付け会社を周り、名刺交換をしておきます。できれば平日が望ましいですが、難しければ土曜日の午前中でもいいでしょう。

訪問した際には、まず「賃貸物件の紹介なのですが、今お時間よろしいですか？」と言って名刺を渡します。

そうすると、客付け会社の担当者の人も名刺を出して話を聞いてくれ、対応が良いとお茶も出てきます。そして、「この物件を知っていますか？」という話題から入り、「家賃は○○円くらい、募集条件は○○、初期費用5万円キャンペーンをやっています」と説明したり、「このエリアだと、家賃は高過ぎないでしょうか？」と質問します。

このように、客付けだけを客付け会社に依頼する場合、ご案内をしてもらい入居が決まったら管理会社が契約を行います。

なお、管理会社のなかにはオーナーが客付けすることを快く思わない会社もあります。

そのため、自分で客付け会社にアプローチする場合も、事前に管理会社へ説明をしておいたほうがいいでしょう。

いきなり全て自分で客付けをするのはハードルが高いかもしれませんが、客付け会社を自ら開拓するのであれば、そこまで難しくはありません。

【客付け中級編】ウチコミ・ジモティーの活用

①各サイトの特徴を理解する

中級編では、大家さんが直接入居募集できる『ウチコミ』やご近所掲示板『ジモティー』を活用します。これらの媒体を通じてメッセージを書いたり、直接入居者とやりとりをします。

○『ウチコミ』の特徴

『ウチコミ』とは、大家さんが直接募集できる賃貸募集サイトで、一都三県と東海エリアの一部、関西、九州は福岡が対応エリアです。

特徴として、入居者からの問い合わせに対しオーナーが直接対応できます。また、写真をアップすることも可能です。

募集ページについては、サイト内のランキングを見ることで人気の見せ方がわかるので、それを参考に作ればいいでしょう。

私が意識しているのは、まず「写真が命！」ということです。写真のイメージで結果が大きく変わります。

私は、以前の管理会社が撮ったキレイな写真を流用しています。もし、これから用意するのでしたら、セミプロのカメラマンはウチコミで依頼できます。もちろん有料ですが、その価値は十分すぎるほどあります。

また、カメラを使い慣れている人なら一眼レフを使ったり、最近ではスマートフォンに広角レンズを付けてアプリを使う方法もあります。

その際は、簡易的なものでいいので、家具を置いたほうが見栄えが良くなります。

自己客付けに使える賃貸募集サイト

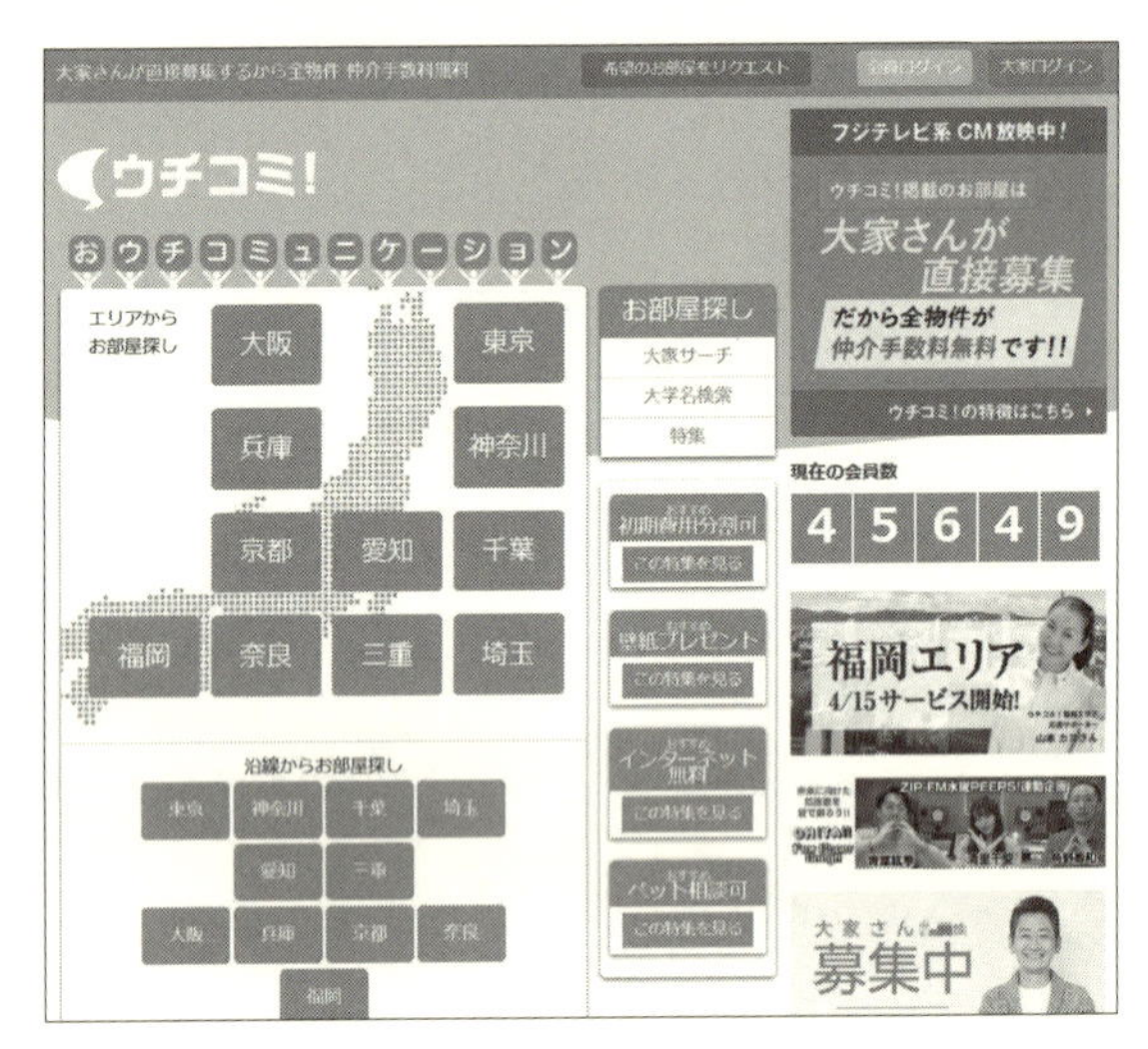

ウチコミ　https://uchicomi.com/

ジモティー　https://jmty.jp/

なお、契約について『ウチコミ』はエージェントがいるので契約業務は任せられます。自主管理でも使い勝手が良いのが特徴です。

○『ジモティー』の特徴

『ジモティー』の場合、不動産のコーナーがあるのですが、全国で地域別になっています。例えば「埼玉県の不動産でマンション」という欄に載せればいいと思います。

これに関しても、アクセス数やお気に入り数が多い記事を参考に作るのがおすすめです。

また、「今は管理会社にお願いしているけれど、将来的に自主管理でやっていきたい」という人が練習感覚で試したい場合は、オーナー名義で記事を書いて、連絡先を管理会社にする方法もあります。

ジモティーは入居者の質が悪いと言われることもありますが、そのような人は保証会社の審査で弾かれるので、結果はほかの募集サイトとそこまで変わりません。

② 管理会社の許可を得る

この段階では、まだ管理契約を結んでいる状態なので、入口では大家さんが入居募集をしても、管理会社に契約業務をお願いすることになります。

なお、これらの媒体を活用して自分で契約をしたいと管理会社に伝えると、確実に断られます。

そのため、「自分で募集はするけれど、内見から契約は管理会社にお任せする」というスタイルを提案するのが現実的です。

募集条件は管理会社と相談して決めてもいいですし、前回と同じ条件なら自分で入力作業を行えばいいでしょう。

また、これは滅多にないケースですが、専属専任の契約を管理会社と結んでいると、オーナーが入居者を見つけた場合は、必ず管理会社承認が必要なので注意してください。通常、管理会社は専任または代理、客付け会社は一般媒介が多いです。

③ 効果のある記載の仕方

『ジモティー』と『ウチコミ』に情報を載せる場合のコツは、上手に客付けをできている人の書き方を真似るのが一番です。

例えばジモティーの場合、お気に入りの星が付くシステムになっています。星が50個程度付いていると、かなり評価が高いので、そうした人を参考にしましょう。なお、ウチコミの場合はアクセスランキングが参考になります。

ただし、最近は業者も参入してきており、お金で星やランキングを上げている場合もあるので、必ずしもそうした情報が実力を反映しているとは限りません。

そもそも客付けが決まりやすいのは「書き方」よりも「物件力」です。逆説的にいえば、いくら上手に情報をまとめても、物件力が低ければ決まりません。

とはいえ、書き方次第でレスポンスが大きく変わるのは事実です。時期によって、例えば「初期費用は安いほうがいい」などのトレンドがあります。

また募集条件も、エリアや物件タイプ（ファミリーなのか単身なのか）によって、適した文章の書き方が変わります。そこはやはり人気のある物件の書き方をチェックするのが良いでしょう。

間口を広げるためには、客付け会社・ジモティー・ウチコミを同時並行するのがおすすめです。もし同時に申し込みが入ったら、より条件の良いほうを選べばいいでしょう。

【客付け上級編】自分で契約（賃貸借契約）

①契約形態を決める

自主管理大家さんのなかでも大半は、客付けから契約業務は客付け会社に任せていると思います。しかし私は、契約も含めて自分で行っています。

自身で契約を行うにおいて、まず決めることは契約形態です。

私は定期借家契約にしています。定期借家契約といえば、転勤などで2年間だけ貸す場合やシェアハウスなど、収入の不安定な方をターゲットにした物件で既に使われています。

普通借家契約では、何かあったときに退去してもらうためには「正当な事由」が必要となり、入居者の権利が強くなります。これが定期借家契約なら、契約期間が終わったら必ず退去してもらえるため大家よりの契約といえます。例えば、万が一にも反社会勢力の人が入居しても退去させることができます。

ただし定期借家契約は客付け会社から嫌がられます。理由は普通借家契約よりも面倒だからです。管理委託をしているケースであれば、断られる可能性は多いにあります。
また、客付け会社に依頼する場合は、反応があまりに悪過ぎたら普通借家契約にするしかありません。もしくは、ウチコミやジモティーを利用して、自身で客付けすることに特化させるかです。ウチコミならエージェントに依頼すれば、定期借家契約でも対応してもらえます。

とはいえ私の経験上、定期借家契約で入居者から不満を言われたことはありません。私は募集サイトに以下の文面を掲載しています。

「問題入居者を防ぐために定期借家契約にしています。特に問題が無ければ契約更新（正確にいえば再契約）をします」

私が定期借家契約にしたのは、以前所有していた三鷹のアパートがきっかけでした。購入時の稼働率は7割くらいで、最後は土地にして売る計画だったので、最終的に入居者全員に退去いただきたかったのです。そこで普通借家契約から定期借家契約に変えれば、退去してもらうのが簡単になります。

そして、物件購入（オーナーチェンジ）のタイミングで、定期借家契約ができる管理会社に変更しました。結局、その物件は売却してしまったのですが、定期借家契約に対してはメリットを感じています。

②賃貸借契約書を用意する

自分で契約業務を行う場合、当然ながら賃貸借契約書が必要になります。

賃貸借契約書は、日本法令などが出している3枚複写式の商品も500円程度で販売しており、『Amazon』や『モノタロウ』などでも入手可能です。書店では賃貸契約書の見本が載った書籍も販売されています。

もしくは、国土交通省のホームページから『賃貸標準契約書改訂版』のダウンロードができるので、それを参考にしてもいいでしょう。

契約書に関しては紙のフォーマットを購入するのが手軽ではありますが、エクセルなどのデータで管理できたほうが手間もかからないのでおすすめです。

データは管理会社や客付け会社からもらえるならベストですし、もし難しい場合も紙の

賃貸住宅標準契約書（改訂版）

頭書

（1）賃貸借の目的物

建物の名称・所在地等	名 称					
	所在地					
	建て方	共同建 長屋建 一戸建 その他	構造	木造 非木造（　　　）	工事完了年	
				階建	年 （大規模修繕を（　　）年実施）	
			戸数	戸		

住戸部分	住戸番号	号室	間取り	（　　）LDK・DK・K／ワンルーム／
	面積	㎡（それ以外に、バルコニー＿＿＿＿㎡）		
	設備等	トイレ	専用（水洗・非水洗）・共用（水洗・非水洗）	
		浴室	有・無	
		シャワー	有・無	
		洗面台	有・無	
		洗濯機置場	有・無	
		給湯設備	有・無	
		ガスコンロ・電気コンロ・IH調理器	有・無	
		冷暖房設備	有・無	
		備え付け照明設備	有・無	
		オートロック	有・無	
		地デジ対応・CATV対応	有・無	
		インターネット対応	有・無	
		メールボックス	有・無	
		宅配ボックス	有・無	
		鍵	有・無	（鍵No.　　・　　本）
			有・無	
			有・無	
		使用可能電気容量	（　　　）アンペア	
		ガス	有(都市ガス・プロパンガス)・無	
		上水道	水道本管より直結・受水槽・井戸水	
		下水道	有(公共下水道・浄化槽)・無	

附属施設	駐車場	含む・含まない	＿＿台分（位置番号：＿＿＿＿）
	バイク置場	含む・含まない	＿＿台分（位置番号：＿＿＿＿）
	自転車置場	含む・含まない	＿＿台分（位置番号：＿＿＿＿）
	物置	含む・含まない	
	専用庭	含む・含まない	
		含む・含まない	
		含む・含まない	

出典：国土交通省「賃貸住宅標準契約書」（改訂版）
https://www.mlit.go.jp/jutakukentiku/house/jutakukentiku_house_tk3_000019.html

フォーマットをデータ化することで、それ以降は簡単な差し替えだけで流用できるようにするのがいいでしょう。

私が使用している契約書データも、最初の4枚は案件ごとに変更が必要ですが、残りの10枚くらいは毎回同じ契約内容が入るので、大きな手間はかかりません。

③ 契約時の注意点

なお、入居希望者とは入居前に必ず対面しておくことを強くおすすめします。

第6章で紹介していますが、直接入居者に会っていなかったせいで「契約はしていません！」と問題になったことがありました。

一部は郵送でやりとりしても、内覧をしたり鍵を渡すときなど、必ず一度は会っておきましょう。

また、キャンセルを防ぐ意味でいうと、入居希望者とは何回かやりとりしたほうが手間はかかるものの、そのリスクを下げられます。

オーナー契約の際のメリット・デメリット

オーナー自身で契約する場合のメリットは広告費・仲介手数料・事務手数料といった金銭的なものだけでなく、細かい修正に即時対応できることです。例えば、駐車場やトランクルームの区画変更などにすぐ対応できます。

また不動産会社を介さないので、直接入居者の声が聞けます。成約できなかった場合、例えば「あと2000円賃料を下げてもらえば決めたのに・・・」という、即断即決で判断しないといけない場合にも速やかに対応することが可能です。

管理会社などが間に入った場合は自社の利益を優先して、初期保証料のキックバックが多い保証会社で決めがちです。しかし、大家がハンドリングできる場合だと、保証人不要で通りやすい保証会社にするなど、入居者の事情優先で決めることができます。

逆に、オーナー自身で契約する場合のデメリットですが、もしもストーカー気質のある人から申込みが入って審査が通らなかった場合、恨まれてストーカー行為をされたら怖いです。丁寧にお断りするしかないのですが・・・。

そのほか、入居後に騒音トラブルやゴミのトラブル、もしくは人間性で問題があり周囲に迷惑をかける方で、注意しても改善されない場合は気が重くなります。

入居前の契約時は良さそうな人に見えたのが、入居後にトラブルメーカーだと発覚すると対応が大変です。ただし、そのような場合も定期借家契約だと最終的には退去してもらうことができます。

私は過去にシェアハウスをやっていた経験があり、さらにウチコミとジモティーで、何十人もの方とメッセージのやりとりをしたり面談をしたことがあるので、ある程度なら危険な人は見分けがつきます。

しかし、それでも防ぎ切るのは難しいでしょう。このあたりは徐々に経験を積むしかないと感じます。

自主管理におすすめの「セルフ内見・退去立ち合い」

内覧は、ウチコミであればエージェントが行ってくれます。ジモティーだと自分で案内することもありますが、先に申込書を書いてもらって、保証会社の審査も通した上で行うこともあります。

例えば、自分の属性に自信がない人、複数の保証会社の審査を落ちたことがある人などは、保証会社の審査を先にやって、それで受かったら内覧に行くということです。この提案はメールや電話で行っています。この具体的な手法は次項で詳しく解説いたします。

また、遠隔地物件については、入居希望者に「セルフ内見」をしていただくこともあります。大半の物件は電子錠にしているので、その暗証番号を教えて開けてもらっています。終わったら鍵をかけてブレーカーも落として退出してもらいます。

これは宅建業法上、問題ではありません。内見をしない申し込みで契約は問題ですが、やりとりをした上で申込書も書いてもらっていれば、「セルフ内見」になるのです。

また、退去立会いもセルフで可能です。電子錠でない場合はダイヤル式のポストに鍵を入れてもらえれば問題ありません。

こう言うと「後から問題が発覚して指摘したとき、自分はやっていないと逃げられないだろうか?」と疑問に思われる方もいるかもしれませんが、これまでの経験上では皆無です。

私の場合、最低限のハウスクリーニング費用しか請求しないというのもありますが、例えば網戸が破れていたら、その分の金額を上乗せして請求しています。もともと原価しか請求していないので、そこで網戸の費用を上乗せしても、一般の管理会社の請求に比べて安価です。

また家賃収納を、あらかじめ全て口座振替にしておき、最後の家賃は翌月分も引き落としをして、退去後に清算するようにしています。

そのため、多くいただいた1カ月の家賃を日割り計算して、ハウスクリーニング費用を差し引いてお返ししています。こうすると、初めにクリーニング代をもらわずに済むので、入居のハードルが下げられます。

なお、精算時には普通の管理会社なら明細が出されますが、自主管理の場合は見積書をスマホで撮影して送っておくといいでしょう。明細は言われたときに作成すればいいと思います。

客付けの秘策、先に申込書を書いてもらって内見

この話をすると驚かれることが多いのですが、私は内見前に申込みをいただくことも多いです。

身分証（免許証、保険証など）のコピーと入居申込書があれば、家賃保証会社の審査を受けることができます。

申込み段階では、保証会社によっては本人の自筆でなく代筆でも問題ありませんし、インターネットで申し込むことも可能です。契約時に保証会社の正式な申込書も含めて書いてもらっています。

私の場合は家賃保証会社の代理店なので、自分の名前が入った保証会社の申込書を持っています。それを内見希望者にメールで送ります。

家にプリンターがない人が多いので、プリントアウトして自分で書いて送信してもらうのはハードルが高いです。しかし、今はコンビニで印刷が可能ですし、コンビニからファクスで送ってもらい、先に審査が通るかどうかを確認するようにします。それすら難しい方は、現住所をお聞きして郵送でやりとりする場合もあります。

先に書類を集めて審査にかける手法は、それまで審査に落ちていて「内見しても家賃保証会社の審査に落ちてしまう・・・」と悩んでいる人には、とりわけ効果的です。先に申込みをして保証会社の審査に通り、そこから内見という流れだと、ほぼ百発百中で入居が決まります。

特にフリーターなどで収入が低く、行く先々の不動産仲介会社に断られている人は、「審査が通りました！」と伝えると、喜んで内見してくれます。

私が経験した例では、カップルの入居者で男性の母親がアルバイトだったのですが、女性の父親が公務員でしたから、保証人としては十分クリアできました。

このように本人の属性が良くなくても、両親や親族で属性が良い人がいたり、実家が持ち家だったりすると審査は通りやすくなります。

滞納を続けてブラックになってしまっている人は難しいかもしれませんが、大抵の人は何社か審査すればどこかしら通ります。

私は複数の家賃保証会社の特徴をつかんでいて、属性や状況によって適した保証会社を選んでいます。どんな人が申し込んできても、できる限り通すだけの自信はあります。

ちなみに内見希望者に対しては、「もし物件を見て気に入らなかったらお断りください。お金は一切かかりません」と案内しています。こうすることで、ハードルは低くなります。

実際、北海道から転勤されてきた人も、最初は「他に何社か回ります」と言っていましたが、結局は私の物件を見て即申込みいただきました。

審査後、内見を行っている間に突然契約すると言われたので、「では契約書を1時間で作りますので、お昼ご飯でも食べに出かけてください」と伝え、すぐに契約書を作成し、やりとりを進めました。

またエピソードとして、大学の近くにある物件で、スリランカ人の留学生がジモティーで申し込みをしてきたことがありました。日本語を流暢に話すのですが、その人は先に申込書を出してもらい審査が通ったあと、いきなり私の事務所まで来て申し込みをしました。

世の中では、何カ月分もの広告費をかけて入居者を奪い合っていますが、私の場合はジモティー・ウチコミという特殊なマーケットを中心にして、「問合せをいただいた人は絶対に逃がさない！」という意識でいます。さらに自身で家賃保証会社を通して、契約まで行っています。

自己客付けの成果
最後に私自身の自己客付けの成果を報告いたします。

昨年度の12月〜3月までの客付け成果をいえば、今春は単身11件、ファミリー7件が成約しました。そのうち自己募集客付けは単身2件、ファミリー5件の約4割です。

入居者からしても「仲介手数料が無料」、「直接大家さんと交渉できて、お得感がある！」といったメリットの多い自己客付けですが、大家側も直接募集ができて、募集コストの削減ができる良さがあります。

前述したように初期費用が安くなる分、入居者の属性がどうなのか・・・という面がありますが、そこは家賃保証会社で審査をかけることによりリスクヘッジしています。

単身物件は近くに大学があり、自分で客付けする前に、最寄り駅の仲介会社で決まることが多いです（といっても、入居者は会社員が9割です）。

繁忙期は部屋が空いて1週間程度で次の入居者が入居します。1カ月前から募集していることもありますが、3月中〜下旬に退去した部屋に、3月末〜4月頭に次の入居者が入居されます。

昨シーズンは全物件を管理委託しており、繁忙期でも事務手数料1カ月、広告費1・5カ月で設定していました。近隣は広告費1カ月が相場のエリアで、比較的早めに次の入居者が決まりました。

今シーズンは自主管理（準管理）で事務手数料0・5カ月、広告費1カ月で設定しましたが、昨年と同様に入居者が決まりました。

ちなみに昨年の単価で計算すると、今春の客付け費用（事務手含む）232万円を見込んでいましたが、実際には今春は95万円で済みましたので、これだけで140万円の削減になります（昨年単価でも自己客付け分を考慮すると40万円程度は安くなります）。

第5章

チャレンジしよう
「リフォーム発注・建物管理」

第5章では、自主管理には欠かせないリフォーム発注・建物管理がテーマです。

すでに物件を所有されている人であれば、リフォームコストはお金をかけようと思えば底なしで、どこまでやるべきかは本当に悩ましいということをご存知でしょう。

また、同じような工事であっても、業者によって値段がまったく違うことがよくあります。そこでコストパフォーマンスを重視した、リフォーム発注・建物管理を自分で行う上でのポイントを解説します。

まずは小さなことから自分で手配

私は自主管理をする以前から自身で原状回復を手配していたのですが、あるとき「たまには管理会社にも発注したほうがいいかも」と思って見積り依頼したところ、かなり高い金額の見積りがきました。

疑問に感じて、同じ管理会社へ依頼している知り合いの大家さんに聞いてみたところ、私とは比べものにならないほどの高い単価の見積りだということがわかりました。

以前お願いしていたその管理会社は、他にも多少ではあるものの、ずさんなところがありました。

例えば、浴室の鏡を取り替えるはずだったのに、入居日の前日に確認をしに行くと替わっていなかったため、それを指摘したら「今からやろうと思っていました」という返答がありました。まるで蕎麦屋の出前の「今から出るところ」のようです。

また、喫煙があった部屋で壁紙を張り替える場合も、施工面積が2割くらい多く見積りされたことがありました。これは自分で手配した業者さんとの施工面積に開きがあって発覚しました。

こういった隙あらば自社利益優先という事例は枚挙にいとまがありません。

第1章でも述べましたが、いい加減な工事のほか、一般的に管理会社は自分たちの利益を2～3割は上乗せしていると考えたほうがいいでしょう。

そこで修繕コストを見直しますが、管理同様いきなりすべてを上手に手配するのは難しいものです。

管理会社には意外と不備が多いものですから、自分で簡単なところから対応していくのは勉強になり良い経験が積めるはずです。

最初は、自分でもできる設備交換にチャレンジをしたり、定期清掃の業者と原状回復の業者を見つけるあたりからスタートしましょう。そこをきっかけに設備業者につなげてもらえるかもしれません。

コスト削減のため、すぐにできること

収支改善をする際に管理運営面だけでなく、ちょっとした設備交換を自身で行うことで大きな費用対効果が得られます。ここではＤＩＹとまでいかないレベルの簡単な設備交換をご紹介いたします。

自宅から物件までの距離が近いことを条件となりますが、業者に発注せずに自分ができればコスト削減ができます。

○居室・・・照明・洗濯機の水栓・洗濯機排水トラップエルボ交換

ＤＩＹの経験がない方でも、すぐにできることといえば天井照明の交換です。業者に頼むと１万５０００円近く取られることもあります。

直付けの照明を交換するには資格がいりますが、引掛シーリングというタイプの照明なら、脚立があれば誰でもできるはずです。天井照明は、６畳用のＬＥＤが『Amazon』で

2000円台から買えます。調光できるタイプは、リモコン付きで3000円程度です。

天井が高くても脚立があれば作業は簡単です。ただ注意点として、一人で作業をすると落下してケガをする可能性があるので、できるだけ2人で臨んだほうがいいでしょう。

もし自分で交換できない場合は、個人経営の便利屋さんを呼べば大手業者に依頼するよりも3割程度安く済みます。

引っ掛けシーリングの照明

ほかには、洗濯機の水栓交換も比較的簡単です。

これは洗濯水栓部分が水道の蛇口だけだと洗濯機のホースを接続できず、アタッチメント（接続部品）を取り付ける必要があります「洗濯機用ニップル」という部品で、洗濯機用給水ホースのワンタッチ接続が可能です。こちらも『Amazon』で500円程度で売っ

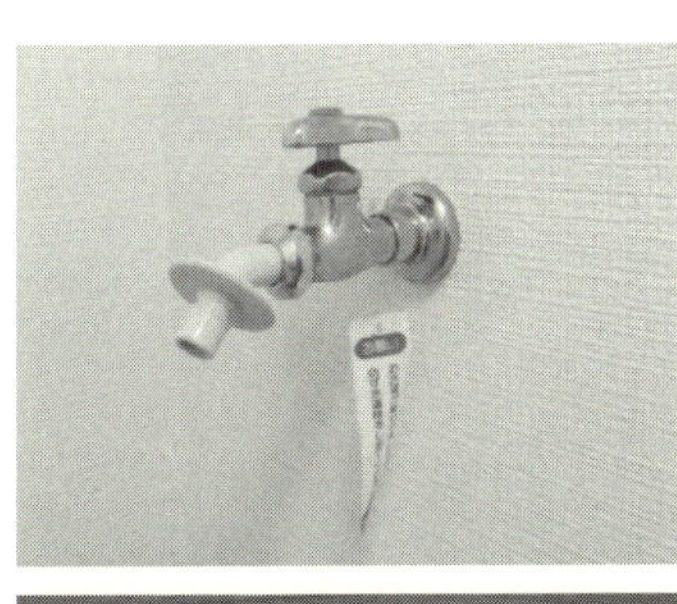

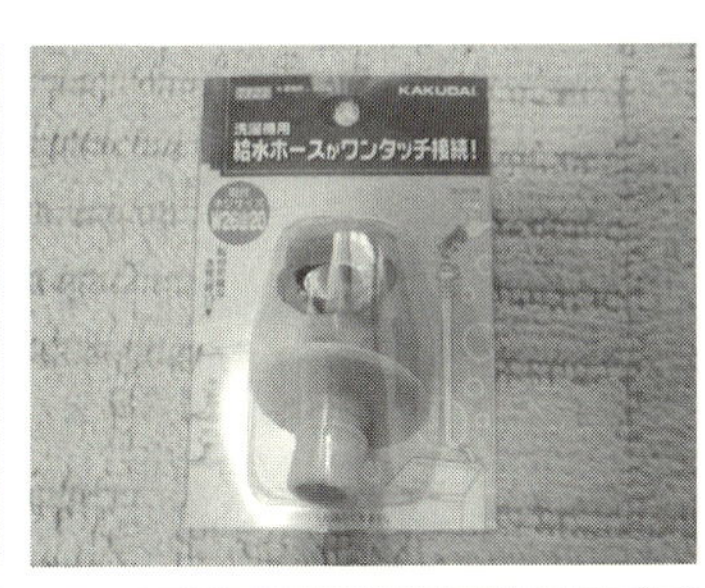

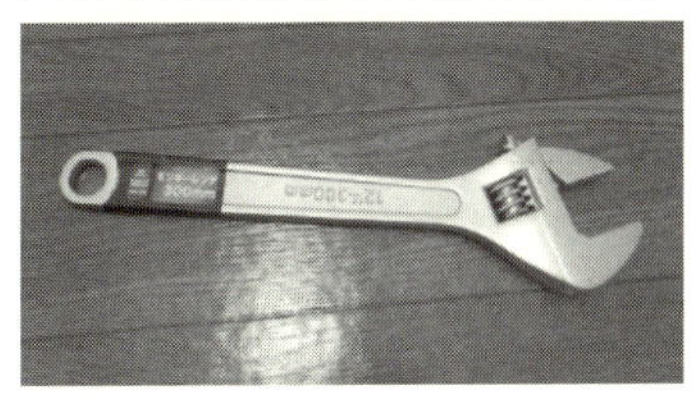

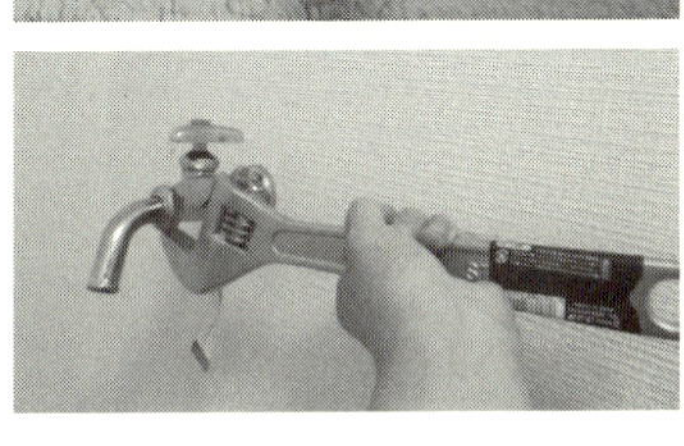

洗濯機用ニップル

ています。

業者さんにお願いした場合は部品代と工賃で5千円から、水栓自体の交換だと2～3万円かかることもあります。

ただ、水栓部分が非常に堅く閉まっていることもあるので、モンキーレンチなどの工具（ホームセンターや通販サイトで売っています）を用意したほうがいいでしょう。

そのほか、洗濯機には洗濯排水口に挿さっている「洗濯機排水トラップエルボ」というL字型の部分があります。

これを退去時に間違って持って行ってしまう人がいるので、買いだめしておいたほうがいいでしょう。ホームセンターや、『Amazon』

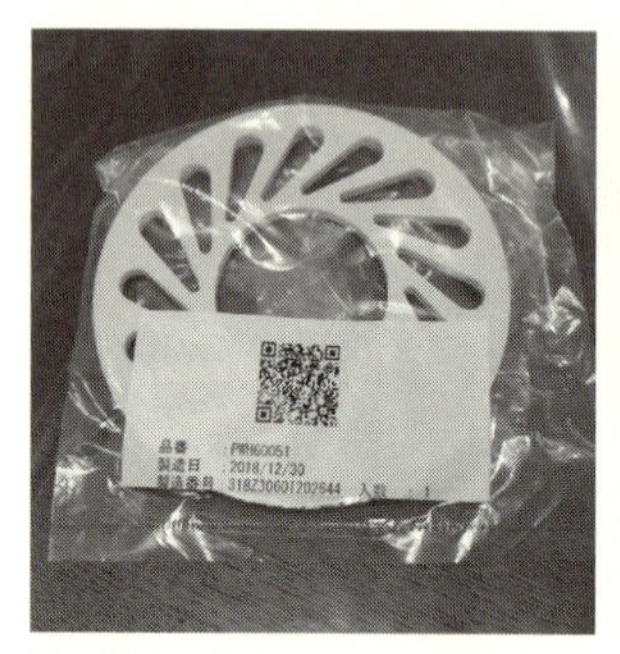

洗濯機パン排水目皿

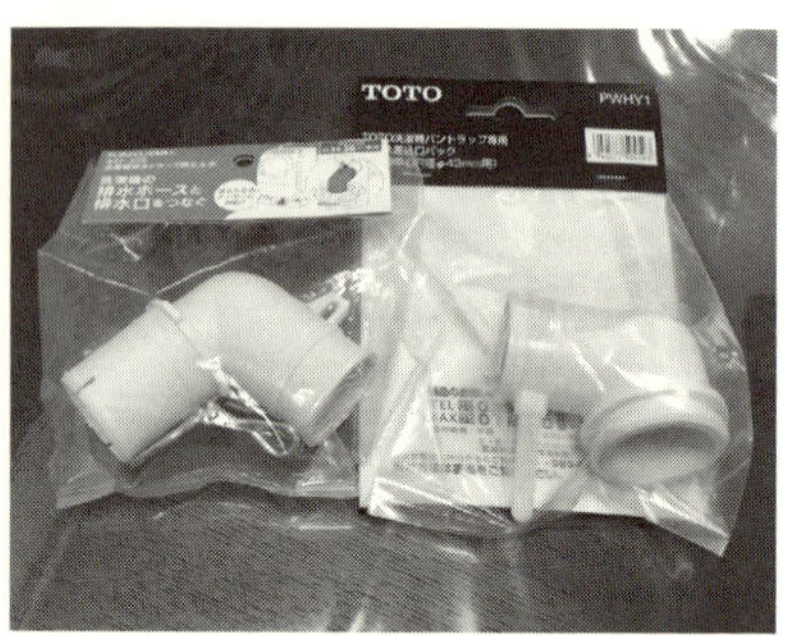

洗濯機排水トラップエルボ

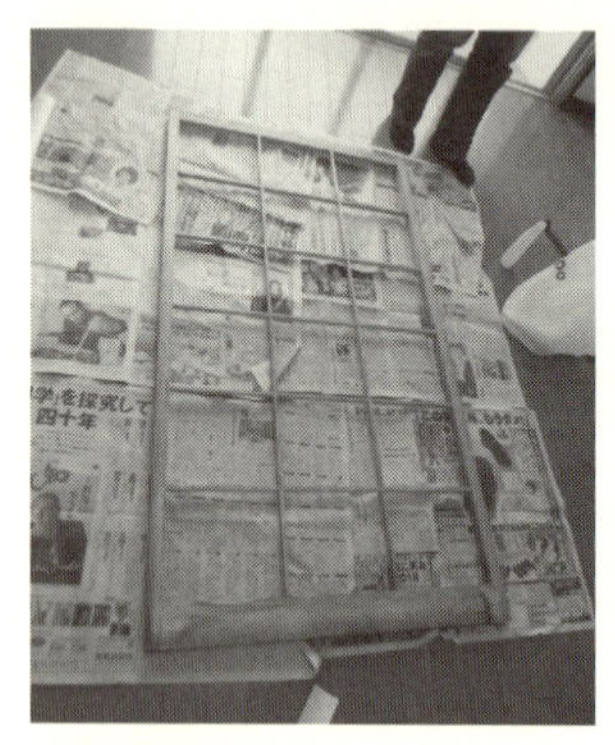

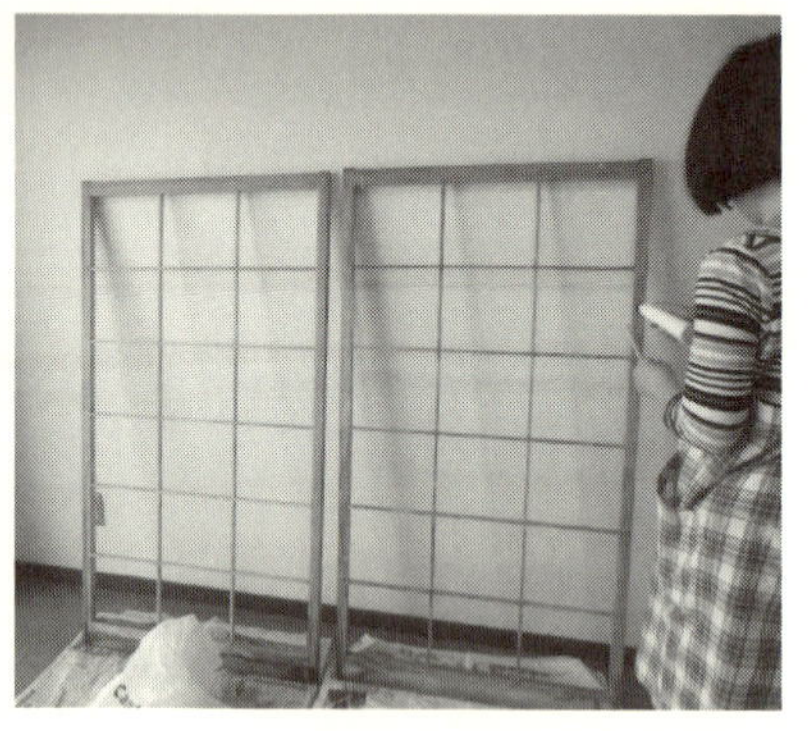

障子の張替え

『モノタロウ』などのインターネットショップでも1個300～500円で購入できます。

なお、洗濯機パンの目皿（丸いところ）さえ持っていく人がいます。これも100～200円で購入できるのでストックしておいたほうがいいです。

これらの交換を業者に依頼すれば1000円以上かかりますから、自分で用意すればはるかに安く済みます。

ちなみに目皿には2タイプあり、TOTO製とLIXIL製で大きさが少し異なります。大きいほうは43ミリ、小さいほうは32ミリです。


初心者向けのDIYでいえば、障子張りも障子紙と糊があれば簡単です。こちらも材料や道具はホームセンターやインターネットショップで簡単に購入できます。

○共有部・・・照明のLED化

収支改善でまず取り組んだのは、共用部分の電気代を節約するための共用灯LED化です。

私が所有する北小金（千葉県松戸市）大型物件は敷地が広い地下駐車場もあり、月1～2回は「蛍光管が切れたので交換して欲しい」という連絡が来ていました。

業者にはまとめて発注していたものの、作業代が高く1回につき2万円程度かかります。それが毎年のように繰り返されるので、これは無視できないコストだと認識するようになりました。

そこでLED化をしたわけですが、蛍光管の取替えで毎回かかる費用は施工費がメインで、物品費は1本1000円程度です。これで蛍光管の発注が無くなると考えれば費用対効果は高いです。

また、LEDにすると、虫は寄って来づらくなりますし、普通の蛍光管の耐久性が半年から1年に対し、LEDは5~10年ほどです。また、電気代は半分程度まで減ります。

LED化は物件ごとに一気に行っていき、予算は建物面積や廊下の電気の数によりもますが、松戸（矢切③④⑤）の3棟一括の物件で130万円、松戸（矢切①）1棟で90万円弱、松戸（北小金①）で120万円弱でした。

条件が合えば補助金申請もおすすめ！

くわえて、たまたま複数の所有物件がある松戸市がＬＥＤに対して、40万円まで補助金を出してくれました。

ただし、申請書類の作成が面倒で、１回目は業者に作成してもらいました。２回目は自分も半分程度は関わり、３回目はすべて自力で作成しました。

私は松戸に5棟所有していて、そのうち3棟１セットの物件があるので、３件分申し込んでいます。

この補助金制度はとても有効ですが、まだまだ知名度は低いといえます。実際、松戸市の補助金予定枠は

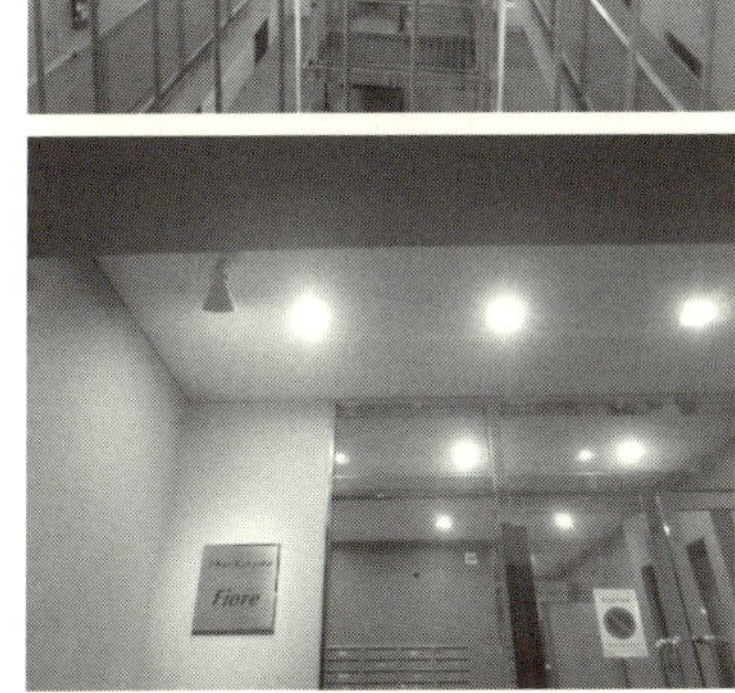

LED化した共有部

年間で6件ですが、うち3件は私が昨年度に申請したものです。松戸市には毎年5棟分の固都税として620万円の納税をしているので、市から120万円の補助金を出してもらっても、まあ良いかなと個人的には考えています。

松戸市以外にもLED化の補助金がもらえる地域はあるので、ぜひ調べていただければと思います。これは早いもの勝ちなので、すぐに行動することをおすすめします。

効率的な業者の探し方

業者探しの理想は、そのエリアの大家さんに紹介してもらうことです。今はどこの地域であっても地元の大家コミュニティがあります。

そうしたところで大家仲間をつくって、地元の業者さんを紹介していただくのが理想的です。

もしくは定期清掃をしてくれる会社は探しやすいので、管理会社に頼むのではなく自分で手配してみましょう。すると、定期清掃の会社がリフォーム会社を抱えていたり、提携しているケースも多いので、そこから関係性を広げていくことができます。

清掃業者は『iタウンページ』などで地元業者を見つけましょう。そのほか『便利屋ファミリー』や『暮らしのマーケット』といったネットサービスも活用できます。特に『くらしのマーケット』は最近利用している大家さんが多い注目のサービスです。


このような順番で業者を2~3社見つけていき、地元ならではのスピード感で対応してくれる体制を作ります。

その際には、地元の業者同士のつながりが持てるような仕組みにするのが良いと考えます。まずは1件、小さいことから頼んでいき、少しずつ取引量を増やしていきます。


リフォーム発注は、どうしても規模の大きい大家さんのほうが常に発注されますから有利になりやすいです。外注先の業者さんからすれば、定期的に仕事のあるほうがお得意様になりますし、スケールメリットもあるからです。

しかし、たとえ小規模で賃貸経営されている大家さんでも、同じエリアで物件を所有している大家さんとシェアをして発注することでスケールメリットを得られます。

例えば、屋上防水・外壁塗装にしても1棟だけでなく3棟一括で発注するような話です。複数人なら交渉も受け入れてもらいやすくなりますし、結果として1人当たりのコストが少なく済みます。

また、仲間となる大家さんがいると、こちらから業者を紹介してあげることもできます。繁忙期では業者を押さえるのが難しくなるため、お互いの業者を紹介しあうことで大家さん同士の関係も強まっていきます。

基本的には近隣の地場業者にお願いするのが鉄則ですが、台風などの災害の後は、地元業者に仕事が殺到して、なかなか来てもらえません。

そのため、多少高くても遠方から来てくれる業者を複数知っておくとリスク対策になります。その場合もやはり紹介を受けるのがベターですが、知り合いがいなければネットで探しても良いでしょう。

なお設備業者は、半年に1回の消防点検、年に1回の貯水槽清掃などを行います。

注意したいのは、指定業者があるケースです。指定されていない部分を行う業者を自分で探すのがいいでしょう。

おすすめインターネットサービス

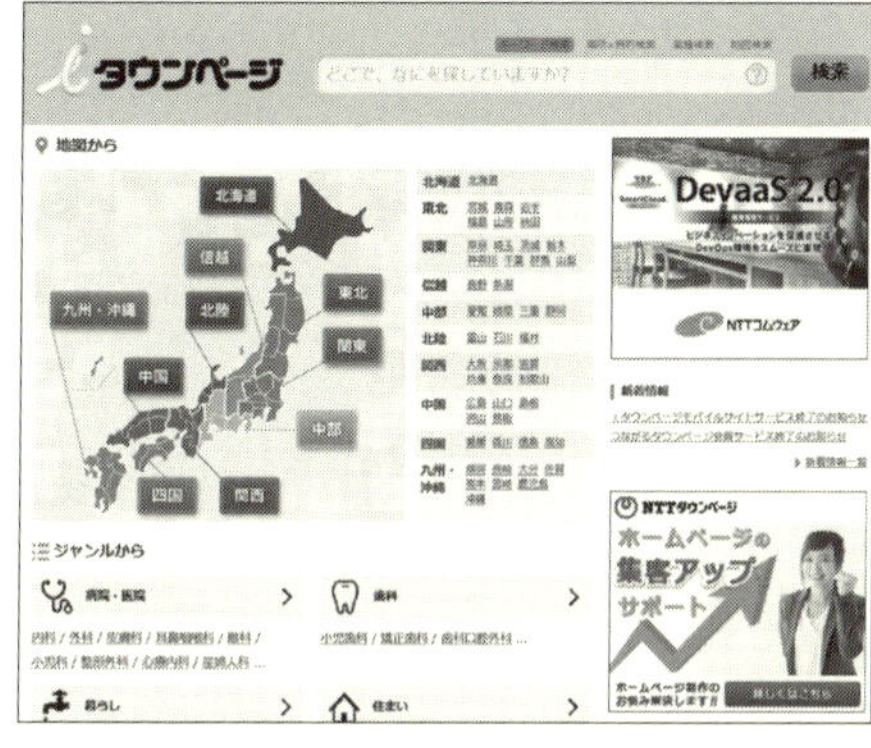

iタウンページ
https://itp.ne.jp/

便利屋ファミリー
https://benriyafamily.com/

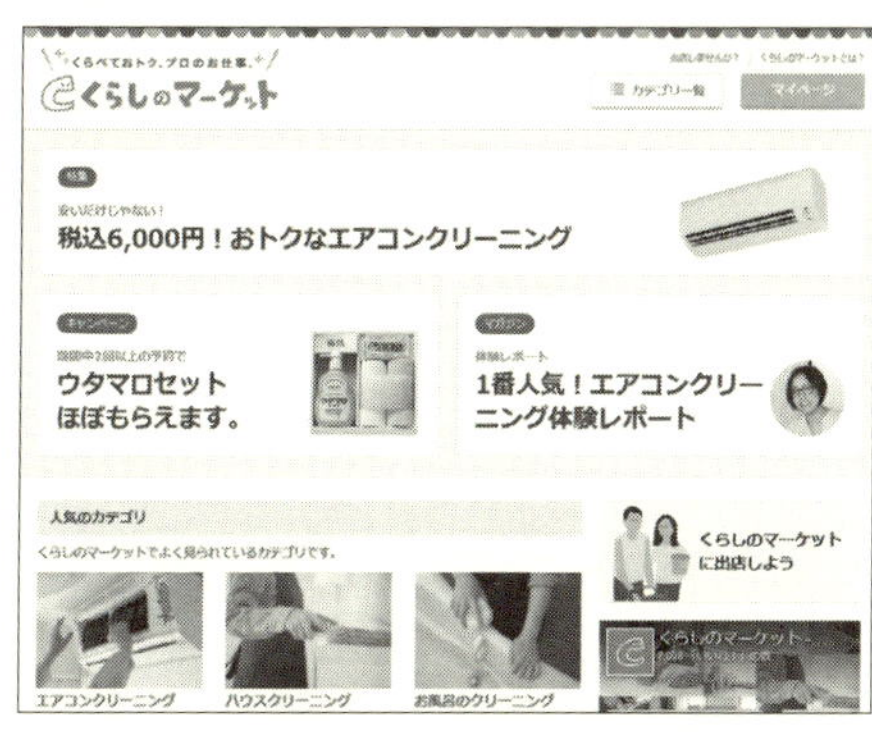

くらしのマーケット
https://curama.jp/

法令点検の場合、「1年に1回行わなければならない」という期間的な決まりはあるものの、例えば消防だったら防火管理者など免許を持っていれば問題ありません。きちんとビジネスをしている業者であれば、おそらく資格は持っていると思います。

原状回復を自分で手配する方法

将来的には自主管理をしたいと考えていても、現状は管理会社へ委託している場合「自分で原状回復をしたいと告げたら、管理会社は嫌な気持ちにならないだろうか？」と不安になる人もいるかもしれませんが、そこは気にせず管理会社に伝えてみましょう。

なお、自分で原状回復工事を手配する場合、繁忙期は避けて閑散期を狙ってはじめてみましょう。繁忙期は業者が込み合っているため、自分で手配ができない可能性もあるからです。

はじめての業者手配は、あまり汚れていない部屋で、ハウスクリーニングだけを手配するのもおすすめです。

発注先は、定期清掃業者のハウスクリーニング部門も選択肢の一つですが、最も安く済むのは便利屋さんです。

また、交渉して地元の清掃業者とリフォーム会社に分離発注ができれば、仕組みが生まれます。

これにより、春の繁忙期にはハウスクリーニングだけで大丈夫な部屋がかなり出てくるので、すぐに対応して3日後には次の入居者が住めるようにできます。

清掃のみでは済まないような部屋の場合、管理会社に退去立ち合いしてもらい、入居者に請求する部分は管理会社に手配してもらうようにします。そして、オーナー負担になる部分のみを、自分で割安なリフォーム業者に手配するのも一つの手です。

原状回復工事は最小限、オーバースペックにしない

一般的に、管理会社へ原状回復を依頼すると、オーバースペックで発注しがちです。例えば「管理会社の退去立ち合いでは、クロス全面貼り替えと言われたが、別の業者に見てもらったら、洗浄で大丈夫と言われた」というように、業者によって見解が異なることがあります。

その上で、少ない金額で対応できる方法を考えましょう。

他にも「浴室の鏡にうろこ状のものが付いているので交換します」と言われることがありますが、念入りに掃除をすればキレイになります。クロスもよほど汚れていない限り、張り替えはしません。

このように管理会社は基本的にオーバースペックで行おうとする傾向があるので、その点は常に注意して見積もりを確認する必要があります。

管理会社は隙あらば発注してお金を取ろうと考えますが、それを「洗浄や掃除で対応できないか」と考える姿勢がオーナーには求められます。

以前、猫が飼われていた部屋に対し、クロスの貼り替えなどで20万円以上の見積もりが出されましたが、掃除だけで対応できました。

爪あとは残っていますが、次の入居者に対して「壁はこういう状態ですが、もし今後あなたが傷を付けても請求はしません」と説明すれば問題はありませんでした。

ペットを飼う人は、ペットが汚したらお金を取られると思って入居するわけです。しかし、「初めから壁紙がそういうお部屋なので、いくら汚してもお金はかかりません」と伝えると安心できます。

もちろん、あまりに汚れて自分の許容ラインを超えたら、壁紙を貼り替えます。ハウスクリーニングを一度行い、仕上がりを見て厳しければ、掃除した後でも貼り替えます。ただし、先に掃除をしてから張り替えると床が汚くなるので、その際には自分でフローリングにワイパーをかけたり、ワックスも塗り直したりします。

こうしたことができるのは、自分が通える範囲内の物件しか買っていないからです。

繁忙期には便利屋さんに依頼することもありますが、基本的には自分でできることは自分で対応するようにしています。

一人で作業をするのは孤独を感じるかもしれませんが、配偶者や大きなお子さんがいるなら一緒に掃除をするのがいいでしょう。

私の経験談をいえば、昨シーズンは管理会社の提案に近い形で原状回復工事を実施しました。

正直、自分で手配した方が安くできますが、繁忙期で入居に間に合うように仕上げる必要があり、管理会社に任せた方が安心だからです。

今春はほぼ全て自分でチェックして、必要な施工だけ実施しました。

そのため、ハウスクリーニングとプラスアルファにとどまり、原状回復工事に伴う出費はごくわずかです（前述した通り、ハウスクリーニング費用は退去精算時にいただくので大家の負担は無し）。原状回復工事で20万円程度コスト削減になっていると思います。

退去精算も全て自分でやっていますが、1部屋だけ、ナイショで猫を飼育されて荒れた部屋がありました。それでも7割程度は施工費を回収できたので良しとします。

ちなみに5～10％の確率で、動物を飼っている部屋やタバコを吸っている部屋など荒れた部屋が発生していると感じます。

空室が続いたら定期的なチェックと清掃を行う

なお、半年や1年など空室が続いた場合は部屋が汚れてくるので、洗浄剤で床にワイパーをかけて、さらにワックスを塗るとピカピカになります。

また、空室期間が長引くとホコリも溜まりますし、虫が死んでいることがよくあり、特に夏はひどいです。排水口から下水の悪臭が上がってくることもあります。

内見の際、そんな状態では悪印象を与えてしまうため、私は2週間に1回は物件を訪れて、室内を点検して排水口に水を流しています。

遠隔地の物件でこういったことがあれば、しっかりしたハウスクリーニングではなくて、数千円程度の簡易清掃（スポット清掃）で対応してくれます。

このように自分で発注することで価格を抑えることができ、くわえてタイミングをうまく合わせられれば、さらにコストカットできるのです。

モデルルームで印象をアップ

さらに、入居者に好印象を与えるためには、簡易的なもので構わないのでモデルルーム用の家具を置くといいでしょう。最低限、スリッパやメジャーなどのウェルカムバスケットは用意しておく必要があります。

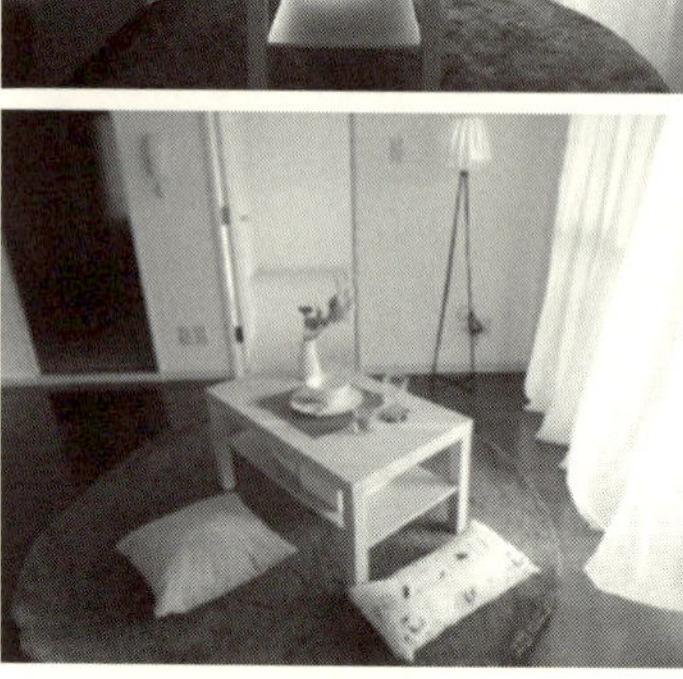
モデルルームの例

私も最初の頃はインテリアコーディネーターに依頼していましたが、最近では自分で家具を設置してモデルルームにしています。また、家具の設置後に管理会社と提携しているセミプロカメラマンの方に、お部屋の写真や動画を撮影していただきました。

とくに動画では部屋の様子がわかります。仲介会社の方が入居者を内見案内する際にも、先に動画を見てもらえばお部屋の雰囲気が伝わります。

遠隔地から首都圏に転勤される方にとっては、事前に様子がわかるのでメリットがあると思います。実際に部屋をキレイに仕上げるのはもちろんのこと、いろいろなツールを活用して早期満室を目指しています。

小修繕は物件ごとに対応業者を用意しておく

自主管理を成功させるためには、チーム作りが非常に重要です。設備ならこの会社、原状回復ならこの会社・・・という具合に、パートナーとなる業者を見つけておく必要があります。

業者の開拓は、自主管理に切り替える前からスタートします。前述したように、事前にリフォーム業者やハウスクリーニング業者と関係を築けていれば、芋づる式に紹介を受けられるようになります。

なお、一般的には緊急対応をお願いする場合は通常時よりも高額になります。主に水回りだと思いますが、ゲリラ豪雨などで電気が止まるケースも稀にあります。

知り合いの大家さんの例では、ゲリラ豪雨後にインフラが復旧したものの、ポンプが動かないトラブルがありました。幸いにもポンプは2つあるので、少し経ったら動き始めたということです。

こうしたトラブルの場合、管理会社に委託していてもエリア一帯が被害を受けているので、迅速な解決はあまり期待できません。

ただ、何も動いていないように入居者に思われたら不信感を抱かれます。

そのため、「業者から連絡が来て、これから点検に入ります！」などの進捗状況の共有を、その都度行ったほうがいいでしょう。何も伝えないままでいると、入居者のフラストレーションが溜まります。

そうした意味で、24時間サポートセンターは非常に役立ちます。入居者が同じタイミングで複数人から問い合わせをしても、状況を説明してもらえれば一安心できます。

これが管理会社では、むしろ電話がつながりにくく、何度も同じ説明をされて、逆に不安を与える対応をされる恐れもあります。

なお、毎回お願いしている業者には、お歳暮やお中元の贈り物をしています。例えば私の場合、管理会社や設備屋さんの担当者、シルバー人材センターで掃除をしてくれている人（顔写真や住所を事前にいただいています）にお送りしています。高齢の方には健康に良さそうなもの（3000円程度）を年に1回は送るようにしています。

これでかなり頑張ってくれるので、費用対効果は大きいと思います。年1回なのか2回なのかは、関わり度合いに応じて変えればいいでしょう。

大規模修繕は長期修繕計画を立てる

大規模修繕の時期についてですが、全空物件など稼働率がゼロ、もしくは低い物件を購入した際に、最初に行うのが理想的です。

それ以外のケースだと、基本的には10年に一度くらいの周期と考えておき、あとは自分の法人の利益が出過ぎたときに節税目的で行うのも一手です。

また、長期修繕計画を立てることも大切です。物件購入時に、すでに修繕を行った履歴があるなら、そこから逆算して「屋上防水は10年後でも大丈夫だけど、配管は5年後には修繕が必要だな」と目算を立てます。

そうした知識がない場合は、ホームインスペクションをしてくれる会社に依頼するのがいいでしょう。

大規模修繕を自身が行う場合は、その履歴をしっかり残しておきましょう。

それは売却時に高く売れるためのポイントとなります。きちんとメンテナンスを行っているほど、次の購入者に対して安心感を与えられます。私の経験上、お金をかけた以上に物件はバリューアップします。

例えば、外壁塗装を行うと数百万円かかりますが、それ以上の利益が出るくらいに高く売れます。

逆にいうと、それだけメンテナンスされた物件を買いたい需要があるわけです。

大概の人は大規模修繕に対して苦手意識を持っています。それでも人がやりたくないことをあえて実践することで、大きな利益を得られるのです。

現実には、大規模修繕を行う直前に売る人が多いイメージもありますが、自分で行ったほうが投資家としてのレベルが上がりますし、次回に購入するときの視点も変わります。

注意しなければならないポイントがわかるようになるので、チャレンジする価値は十分にあると思います。

購入時にもインスペクションは有効

少し話は逸れますが、過去に我孫子市天王台のビルを購入する際、西武信金から「だいぶ年数が経っているビルなので、ホームインスペクションを行う調査会社にお願いしてくれたら融資がしやすくなります」と言われました。

そのため、私は調査会社に依頼したのですが、結果的には思った条件で融資はおりませんでした。共同担保を要求されたので、現金決済となりました。

融資を受けるはずだった6000万円、ホームインスペクションの十数万円は自腹になりました。

この事例では結果的に融資にはつながりませんでしたが、ホームインスペクションは、できるなら購入前に行っておくほうがいいでしょう。もしくは、以前の私のように設備・リフォームを行う業者に同行してもらうのもおすすめです。

なお最近の物件調査は自分一人で行っています。購入するかどうかも分からないのに、毎回同行してもらうための調整が難しいからです。

ただ、基本的には自分である程度見たうえで、本当に買う段階になってから（契約前など）信頼できるリフォーム業者と見に行きます。


ちなみに、少し前の不動産投資バブル期のように、調査などで時間がかかると買いそびれてしまう時代もありました。とはいえ、購入後に欠陥があると苦しむのは自分なので、きちんと見てもらったほうがいいです。

例えば、屋上防水に問題があって緊急の対応が必要かどうかは瞬間的にはわかりませんが、専門業者を連れて行けば判明するはずです。

そして欠陥が見つかった場合、その時点で指し値をして値下げ交渉をすることもできるわけです。

契約前なら、たとえ買い付けを入れていたとしても、値下げ要求することは法的に問題ありません。致命的な欠陥があるなら、きちんと言わなければ大ダメージを被ることになってしまいます。

今は購入時にじっくり判断する時間的余裕が、少し前の時期よりもあるはずです。買うと決めた物件は、日当で2～3万円を支払って業者に来てもらいましょう。

ホームインスペクションですと、10～15万円程度かかりますので、どちらにするかは判断が必要です。いつ壊してもいいボロ物件ならそこまでお金をかける必要はないでしょうし、3億円の物件なら10万円程度の調査費用はかけるべきです。

ちなみにホームインスペクションは、木造なら角の部屋を2戸見れば、屋根や雨漏りの状況が概ね把握できるようです。

ただ、レオパレスのように界壁がないケースもあるので、ロフトは天井を開けて見たほうがいいと思います。

実際、パッと見ただけでは「屋上防水は3回塗った」と言われても判断ができません。

現実は1回しか塗っていない可能性もあるわけです。

大規模修繕で使えるリフォーム融資

「リフォームはすべて自己資金で行わなければならない」という先入観を持つ人は多いですが、実際はそんなことはありません。

私も昔は全額持ち出しでリフォームをしていましたが、最近はもっぱら借り入れをしています。やはり現金を持っておくことは重要で、急なトラブルが発生したときや物件を買い増すときに必要となります。現金を持っておくことは最大の強みなのです。

これは長期修繕計画を立てるときも同じことがいえます。現金はできるだけ残す方向で考えるべきです。

日本人の主流の考え方は、例えばマイホームであれば繰り上げ返済することが大切だと思われています。借金をしている状態は問題であり、「少しでも早く返すべきだ!」と考えられています。

しかし、不動産投資においては、それとは真逆の考え方をしなければなりません。急なトラブルが発生したときに「お金が無いから」という理由は通用しません。

大きな天災が起きてインフラが途絶えたときも、入居者の命を救う義務は大家さんにはあると思います。

また、保険が出る場合も多少の時間がかかるので、それまでは自分の現金で賄わなければなりません。

リフォーム融資でおすすめできる融資がいくつかありますので紹介します。

ここでは金利が低く、制度融資のある公的な金融機関や保証協会を紹介していますが、地方銀行・信用金庫・ノンバンクでも独自のリフォーム融資の商品があります。

○日本政策金融公庫

日本に5つある政策金融機関の一つであり、創業される方・中小企業・小規模事業者農林水産業者向けの融資・教育ローンを行っています。

事業内容は国民生活事業・農林水産事業・中小企業事業の3種類があり、不動産賃貸事業は国民生活事業に該当します（個人・法人とも）。

本来、リフォーム融資の相談は居住地（法人であれば本店所在地）を担当する支店ですが、先輩大家さんなどの紹介があれば、最寄りでない支店でも融資を受けられる可能性があります。

これはどの金融機関でも同様ではありますが、担当者によって不動産融資への積極性が変わるため、なるべく不動産に詳しく積極的な担当者に当たるほうが融資は受けられやすいです。

○保証協会

信用保証協会は、中小企業・小規模事業者の金融円滑化のために設立された公的機関です。事業を営んでいる方が金融機関から事業資金を調達される際、信用保証協会は「信用保証」を通じて、資金調達をサポートします。

47都道府県と4市（横浜市・川崎市・名古屋市・岐阜市）にあり、各地域に密着した業務を行っています。

その地域の保証協会から融資申し込みもできますが、地元の地方銀行・信用金庫へ相談、申し込みをするケースが多いです。

多様な保証制度があり、原則として、法人代表者以外の連帯保証人は必要ありません。

なお、個人事業者の場合、保証人は原則必要ありません。

またリフォーム資金であれば、担保が無くても利用できます。不動産担保に過度に依存しない保証の推進に努めているそうです。

信用保証協会の制度融資の場合、行政から金利を負担してもらえたり、保証料を補填してくれます。

このあたりは信用金庫が詳しいので相談してみて、今の行政で使える融資情報を引き出すのがいいでしょう。

使えるリフォーム融資

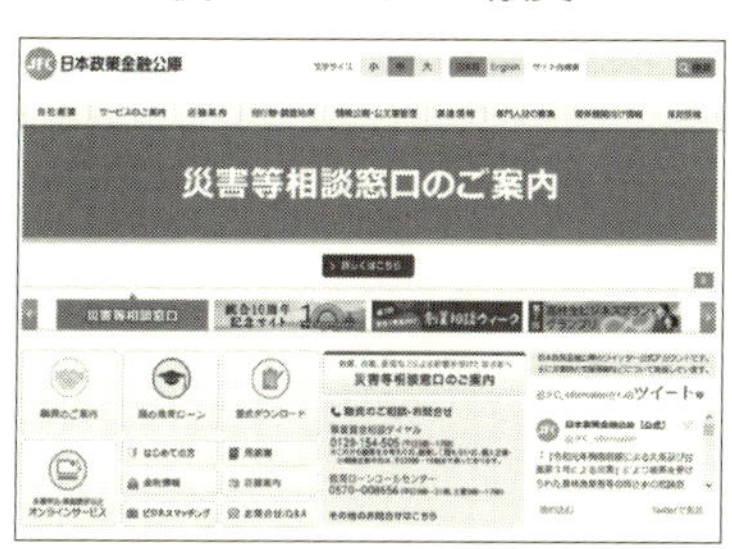

日本政策金融公庫　https://www.jfc.go.jp/

全国信用保証協会連合会
http://www.zenshinhoren.or.jp/

第6章

自主管理トラブル事例

第6章では、自主管理をするにあたり、実際に私が体験したトラブル、失敗例とその解決方法について解説します。

不動産投資のリスクの多くはあらかじめ予測できるものです。それは自主管理においても同様で、いくつかのトラブルが起こりましたが大事には至らず、その経験があったことで、より円滑な運営が進められています。

前著でも書いたことではありますが、失敗やトラブルを怖がるのではなく、むしろ小さな失敗はたくさん経験したほうがいいでしょう。それは大きな学びとなります。

ケース① 自主管理切り替え時の家賃滞納

自主管理に切り替えたとき、「私の口座に直接振り込んでください」と伝えていても、なかなかその通りに振り込んでくれない人が続出しました。

そのため、携帯のショートメールで「○○（物件名）の大家の内本です。お世話になります。○月分の家賃が未納なので振り込みをよろしくお願いします。千葉銀行○○○○（振込口座）」と送ったのですが、それでも効果はありませんでした。

その場合、携帯番号に電話するのですが、振込詐欺だと間違えられているのか、留守電を何度残していても連絡がつきませんでした。

それまで管理会社から電話が来ることはあっても、まさか大家さんから直接電話が来るとは思っていなかったからでしょう。その方には、たまたま電話に出てもらえて、なんとかお話ができて解決できました。

「家賃を払っていないということに自覚がないのか？」と思った人もいるかもしれません。ただ話を聞いてみると、それまでは管理会社の口座振替だった人の中には「家賃を払っている」という意識が低い人が多いのです。そのため、こちらから督促しないと振り込んでくれない入居者が一定数いました。

家賃督促の順番としては、まずはショートメールがおすすめです。

電話だと、登録済みの番号なら出てくれるのですが、知らない番号だと詐欺や勧誘、営業電話だと思われて出てもらえないことが多いからです。

ショートメールでもレスポンスがない場合、自分で振込先の通知文書を作成し、家まで持って行ってドアに挟みます。まさに本当の督促と同じです。郵便ポストをチェックしない人も結構いるようで、その場合だとポストが満タンになっていますが、ドアに挟んでおけば必ず目に留まります。

なおショートメール、電話も通じなかった場合、自宅までいって督促をして、さらに連絡がとれなければ保証人に連絡します。

私が経験した事例だと、ショートメールは送ってもはじかれ、電話も「お客様の都合によりかかりません」という状況の方がいました。

そのため、手紙を持って直接家まで行ったところ、携帯代が払えず止められていたことがわかりました。携帯代も払えないのに家賃は大丈夫なのだろうかと思いましたが、こちらとしても払ってもらわなければ困るので妥協はできません。

家賃を払うことに意識が低い人は、5％程度はいる気がしています。

そして、最終的に回収できない人が1％はいます。その場合は、代位弁済（だいいべんさい）といって、保証会社に立て替えで払ってもらいます。そのため保証会社は必須だと考えています（保証会社について詳しくは2章をご確認ください）。

ケース② いきなり夜逃げ事件

2018年の12月、夜逃げをされました。

以前、委託管理をお願いしていた管理会社では、遠方からの転勤の人や多忙で契約に行く時間がない人の場合、面談を一度もすることなく、郵送で契約が可能でした。

この夜逃げをされた部屋も、管理会社の人と一度も会うことなく契約から入居へと至っています。

夜逃げをした入居者は3カ月ほど住んでいましたが、入居中に一度も家賃を払いませんでした。そして「退去します。退去立会いに行けないので、鍵だけ置いておきます」と、それだけ言い残したまま出て行って、連絡も取れなくなりました。

しかも後日、保証会社が滞納家賃を請求すると、「そんな契約はしていません。誰か、僕の顔を見たのですか?」と言い出したのです。

結局、その人は一度も家賃を払わないまま姿を消しました。一応、保証会社が部屋に来て任意退去扱いにしたものの、実質的には夜逃げです。ちなみにその人は、周囲の人の証言を聞く限り、友だちと2人で住んでいたようです。

郵送でやり取りしたときに住民票や免許証、車検証などの書類をいくつか出してもらっていたので、現在はそれをもとに警察とやりとりが進んでいます。

ただ、いずれもコピーなので「財布を落としたときに盗まれてコピーされた」と言われたら、こちらも困ってしまいます。

その人の言い分としては、「誰かが僕の名前を使い、騙って契約したのだから請求されても困る！」と言うのです。また、入居中の3カ月間は私の物件ではなく、2駅離れた自宅に住んでいたと言っています。

私はその人と会ったこともなく、様子を見に行ったときに大きな声で電話をしている後ろ姿を見ただけです。

その部屋にはゴミなど残置物がありましたが、それほど荒れてはいませんでした。今となっては誰が契約をしていたのかすらわかりませんが、任意退去という解釈で残置物を処分して、今では新しい人が入居しています。

この「いきなり夜逃げ事件」は私が経験したトラブルのなかでも、一番といえるほど衝撃的でした。

とはいえ、今回は滞納された3カ月分の家賃、原状回復費用は保証会社に肩代わりしてもらえました。多少怪しい人であっても、保証会社を通すことが最大のリスクヘッジになると痛感しました。

ただ、1年未満退去の短期解約違約金（家賃1カ月）は、今回の場合「大家からの契約解除」という扱いになり支払ってもらえませんでした。

こうしたトラブルを未然に防ぐためには、たとえ遠隔地の方や多忙な方でも、契約時や部屋の鍵を渡す際に一度は面談をすべきだと思います。

ケース③ バーベキュー事件

これは最近に起きた事件です。ゴールデンウィークにバーベキューをしていた入居者と、その隣に住む入居者でトラブルになりました。

自室のベランダにてバーベキューをしていた入居者は、隣家の住人から煙を出していることを注意されたところ、「ゴミ置き場の掃除もしているしルールも守っている。うちのほうがちゃんとしているのに、市町村指定のゴミ袋で出さない人から文句を言われる筋合いはない！」と逆切れされました。

その入居者の言い分としては、「炭を使って火を起こしているわけではない。カセットコンロだから火事の心配もないし、そもそもベランダでせずに室内で行ったとしても窓を開けるのだから、煙や臭いは同じように隣家にいくので、ベランダで行うのも室内でもあ

まり変わりがない」とのこと。

事情を詳しく聞いてみると、バーベキューを行った入居者の言い分にも一理あるように思えます。それに普段からゴミ置き場の掃除を自主的にしていただいていました。

いずれにしても感情的になったことや、バーベキューを行った方の部屋に湿気が溜まりやすく、風通しの良い角部屋を希望のため、同じ建物内での引っ越しを提案しました。

保証会社の初期保証料は大家負担にし、家賃は3000円アップの角部屋でしたが、「これまで通り、ゴミ置き場の掃除をしてもらえるなら現状の家賃で構わないですよ」と提案し、転居されることになりました。

引っ越しなどを含め1カ月ほどかかりましたが、それ以降はまったく問題のない状況です。ゴミ置き場の掃除も引き続き行ってもらっています。この件に関して言えば、いくら文句を言われても逃げないで、真摯に対応したのが大きかったと思います。

また、この件をきっかけに、入居者はいろいろなことを報告してくれるようになりました。たとえば、同じ入居者に仲の良い人がいて、その人と合わせた2人で「ガス代が高い」という意見をいただきました。そのことをガス会社に伝えたところ、数百円ですが基本料金と従量部分の見直しがあり、物件の入居者全員のガス代が安くなり喜ばれました。

普通は大家さんと入居者が深く突っ込んだ話はしないものですが、バーベキュー事件を契機に話せるようになったのは良かったと思っています。

振り返ってみると、部屋の移動は管理会社に決定権がないため、時間を要します。そこは自主管理だからこそ、スピーディに入居者の要望に応えられたのです。

参考までにゴミの分別・出し方に関する注意文書を次ページで紹介しますので参考にしてください。

ゴミの分別・出し方　注意文書

2019 年○月吉日

○○○○○○　入居者各位

＜ゴミの分別・出し方について＞

拝啓　時下益々ご清栄のこととお慶び申し上げます。

ゴミの出し方についてご連絡させていただきます。
○○町指定のゴミ袋を使用されない方がいると連絡を受けました。ゴミを分別されていない方も見受けられます。

可燃、プラスチック、資源ゴミ等は、きちんと分別して捨ててくださるようお願い申し上げます。

指定ゴミ袋以外でゴミを出されると、回収されずに残ってしまい、汚損や悪臭等の原因になり大変不衛生な状況になってしまいます。

※○○町ではごみは指定袋へ入れないと回収されません。ゴミの捨て方については必ず町のホームページを見るか、問い合わせて頂き、ルールに沿った捨て方をしてください。ルールに沿っていないと○○町はゴミを回収しません。

ルールが守られないようであれば、今後共益費の値上げをお願いする場合もございます。

ルールを守られているご入居者様については感謝を申し上げると共に引き続きゴミ出しのルールを守り、住環境維持にご協力をお願いいたします。

敬具

管理会社:　株式会社○○不動産 047-000-0000
貸主：○○○○株式会社　○○@○○. jp

ケース④ 給水ポンプ故障事件

この事件は、24時間の電話サポート「アクセス24」を導入して間もない2019年の冬に起きました。

夜11時くらいに、「給水ポンプが壊れてマンション全体が断水になった」という電話が、アクセス24の担当者から私の携帯にかかってきました。それは1月末のことで、12月に交換したばかりだったため、おそらく初期不良だったと思います。

その物件は地下に給水ポンプがあります。普段からお願いしている業者（ポンプの取付を行った会社）に対応してもらおうと電話をしたのですが、翌朝の営業時間以降になるとの回答でした。

さすがに翌朝まで待てないので、アクセス24に折り返し連絡を取り、自社内の駆けつけ部隊にすぐ駆けつけてもらったところ、電源断でリセットしても復旧できず、すぐにポンプメーカーを手配してもらいました。朝6時にポンプメーカーが到着し、応急措置で片系単独運転で直してもらえました。

もし24時間の電話サポートと契約しておらず管理会社が対応していたら、ここまで迅速な解決はできず、翌朝の営業時間10時以降の対応になったはずです。

ただし、これには後日談があります。2月中旬、給水ポンプの制御基盤を直した日の夜に、同じ故障が再び発生したのです。

これには入居者も怒ってしまいました。その場はリセットして直ったものの、その翌日にはメーカーから新品を取り寄せて全て取り換えてもらいました。初期不良の疑いがあり、費用負担は無しの交換です。

これも24時間の電話サポートがあったおかげで、被害は最低限に抑えられたと思っています。また、緊急時に手配できる業者がいたこと、さらにはその物件の給水ポンプがどこにあるのかという情報も把握していたことが大きかったです。

こうしたインフラに関わるトラブルでは、いかに緊急対応ができるかが肝となります。私の場合は自主管理をする以前から、物件の給水ポンプや貯水槽、消防設備などインフラ設備の定期点検や修繕は、自分でメンテ業者を手配していたので詳細を把握していました。

いざというときに、前回の検査結果や図面などもメールやFAXで送付できるようにしていますし、設備関係の鍵も現地にキーボックスを設置し、現地対応できるようにしています。

ケース⑤ 幽霊事件

この事件は、自主管理に切り替わるタイミングの2018年12月に起きました。

短期で退去される方が近くの戸建てに引っ越すことになったのですが、短期解約違約金を設定しているため、1年以内の退去は、家賃1カ月分を別途もらう契約になっています。

しかし、その料金を請求したところ「払いたくない」と言われました。その理由を聞いたところ、その入居者の友人に霊感の強い人がいて、家へ招いたときに「何かいる」と言われたそうです。

そして友人が帰ったあと、入居者が一人で寝ていると押し入れが急に開いて、そこから幽霊が出てきて足を引っ張られ、押入れに引きずり込まれそうになったと訴えるのです。

この入居者は年配の女性です。他の入居者からそうした話は一切出たことはないのですが、その人曰く、「神社が近くにあるので、霊のようなものを引き寄せてしまったのかもしれない」という見解でした。

私はこの話を聞き、いくら違約金を払いたくないために幽霊を出されても、「はい、そうですか」と素直に言えなかったです。

しかし、「そんなことがあったのですか。他の入居者からそのような話を聞いたことはないのですが、それは大変でしたね！」と、ひたすら聞き役に回り、傾聴に徹しました。

その方も気がすんだのか、最終的には違約金を払ってもらえました。

多少の理不尽なクレームがあっても、逃げないで相手の言い分を聞くことが大事だと学びました。

ケース⑥ 騒音問題事件

これは最近の事件で、2019年6月に起きました。

単身物件に入居されたばかりの方から、次のような騒音のクレームがありました。

「お隣が、しょっちゅう大声や叫び声で電話をしているようで、最初はケンカでもしているのなら一時的なものだろうと我慢していました。

ところが、叫び声や怒鳴り声だけでなく、壁をガンガン殴ります。時には22時を過ぎているときもありました。1カ月は我慢しましたが、今も続いています。

私は日中仕事に出ているため、昼間の様子はわかりません。ようやく最近になって平日の夜は静かになりましたが、土日は毎週のようにうるさいです。

とはいえ、私が本人に直接注意する気はありません。怖いからです。まだ入居して間もないのに残念ですが、早めに転居を考えます。大家さんにはとても良くしていただいたのに残念ですが・・・」

とメールで連絡がありました。驚きましたが、すぐに次のように返信しました。

「ご連絡ありがとうございます。お隣の方ですが、そんなに騒がしい方だったのですね。まず、直接注意すると隣からだとわかってしまうかも知れないので、特定できないよう全体に注意するような方法をとります。それでしばらく様子を見ていただきたいと思います。ちなみに、1カ月後に同じマンション内の最上階の角部屋が空きます。こちらにも移動可能です（同じマンション内なので引越しはラクです）。とり急ぎのご連絡です。引き続きよろしくお願いいたします」

そして、翌日には生活マナーに関する注意文書を作成して、掲示板に掲示し、該当部屋の方に配布しました。

その後、お隣の騒音問題は落ち着いています。

生活マナー　注意文書

2019年○月吉日

○○○○○○　入居者各位

＜生活音への配慮について＞

拝啓　時下益々ご清栄のこととお慶び申し上げます。
生活音への配慮についてご連絡させていただきます。

マンション（集合住宅）では、様々な生活スタイルのお客さまが共同住宅で生活を送られており、日常生活の中で、上下階や隣のお部屋の音が気になる場合がございます。

一般的に、日常生活で発生する音（足音やドアの開閉音など）は生活音としてご理解をお願いいたします。

ただし、夜間の洗濯機や掃除機の動作音、大音量のテレビや音楽、大声での電話や会話、動物の無駄吠えなどは「騒音」に当たります。夜間にこのような機器使用や行為はお控えいただきますようお願いいたします。

音は人によって感じ方も違い、一概にどちらかが一方的に悪いとも言い切れない場合がございます。

他のお部屋からの明らかな「騒音」（夜中に走り回る、複数人で騒ぐ、楽器を演奏する、動物の無駄吠えなど）にお困りの際は、管理会社や貸主にご相談をお願いいたします。

ルールを守られているご入居者様については感謝を申し上げると共に引き続き住環境維持にご協力をお願いいたします。

敬具

管理会社：　株式会社○○不動産　047-000-0000
貸主：○○○○株式会社　○○@○○. jp

ケース⑦ 電子錠カード閉じ込め事件

私の所有物件で1Kの単身物件は、全て電子錠を導入しています。3LDKのファミリー物件でも半数程度は電子錠を導入しています。

これはつい最近、2019年7月に起こった事件です。

入居者は外国籍（中国人）の留学生で、日本語の読み書きはそれなりにできますが、電話で話すのはたどたどしい会話力の方です。夜8時頃、食事中に家の電話にかかってきました。たどたどしい日本語で「電子錠カードを部屋に置いて出てしまって、部屋の中に入れない」というのです。

マンション名、部屋番号、氏名を伺ったところ、入居者のようでした。「部屋の前に到着したら入り方を教えるので再度電話ください」と一旦電話を切りました。

横で話を聞いていた主人が「本当に本人か？　他人に部屋の入り方を教えると大問題だぞ！」とつぶやきました。もちろんその通りです。

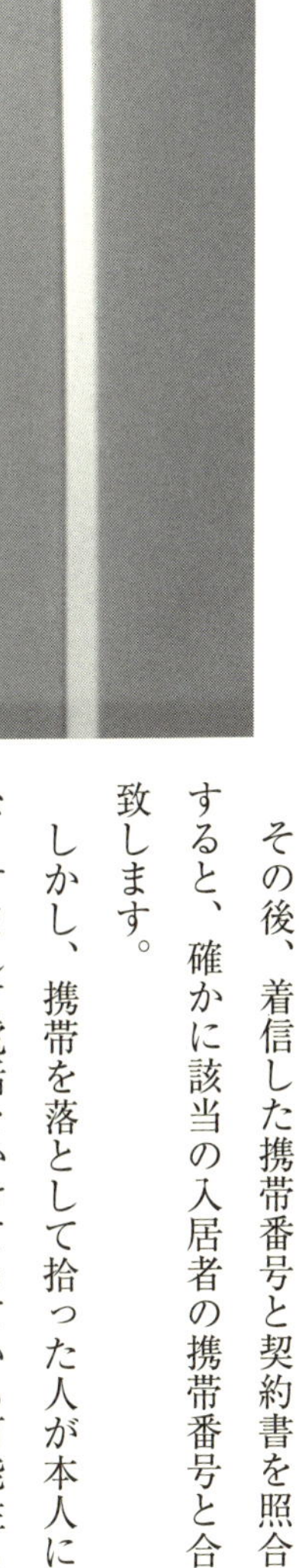

その後、着信した携帯番号と契約書を照合すると、確かに該当の入居者の携帯番号と合致します。

しかし、携帯を落として拾った人が本人になりすまして電話をかけてきている可能性もあるので、生年月日を聞いて本人確認することにしました。

しばらくして、着信があり「入居者になりすました他人に部屋の入り方を教えると問題なので、生年月日を聞いて本人確認します。生年月日を教えてください」と言って生年月日を聞き、ようやく本人であることが確認できました。

このマンションの電子錠は、電子錠カードで解錠する方法と、暗証番号で解錠する方法の2通りあります。

暗証番号で解錠する方法を電話で伝えたのですが、なかなか伝わりにくく焦りました。そこで、「携帯に解錠方法をメッセージで送ります」と伝えて、文章で書いて送ると間もなく、「部屋に入ることができました。夜分にすみませんでした」と連絡がありました。

このように電話で話が伝わりにくい場合は、メールで文章を送る方法も有効です。

今回の件では電子錠を導入しておいて良かったと思いました。これが一般的な金属の鍵ですと、鍵開錠業者を呼んで開けてもらうしか手立てがないからです。それに夜間や休日だと、いくら管理会社が近くにあった場合でも、現地まで駆けつけてもらうのは難しいでしょう。

この入居者とは過去に一度電話でやりとりしたことがあったため、直接電話が来ましたが、これがアクセス24に入電しても大家に連絡があり、同じ対応になったと思います。

ケース⑧ ゴミ屋敷事件

これは、2019年5月に起こった事件です。

入居者は60歳を超えた生活保護者で、他の入居者がその人が階段の踊り場でうずくまっているのを発見し、病院に搬送され入院となりました。

その後、現地対応をお願いしている管理会社の人が部屋を見に行ったところ、完全にゴミ屋敷化していました。私はこれまでゴミ屋敷になった物件を多く見てきましたが、それとは桁違いに悲惨な状況でした。

どうやら、その入居者は認知症が進んでいたようです。入居して2年程度で最初はそんな様子もありませんでしたが、一人で生活ができない状態になってしまったのだと思います。

結局、その部屋には2トントラックが来てゴミを出して、殺虫剤をたいて虫を退治しました。また、この入居者は室内でタバコを吸っていたため、壁紙がひどい状況だったので全て張り替えました。

これらの処理費用に大きな金額がかかりましたが、生活保護者で行政から紹介の入居だったため、費用も行政が支払います。そのため、大家負担なしに原状回復できたのですが、それよりも、もう少し発見が遅れたら本人の生命が危なかったことでしょう。

こうした入居者さんへのリスクヘッジ方法として、基本的には保証会社への加入を必須にすることと、余裕があれば孤独死対応の少額短期保険に入ることが有効です。

ちなみに全保連では毎年保証料を支払うプランで、口座振替の場合は、孤独死対応の保険もセットされます。他にも同様のサービスがある保証会社があります。

ケース⑨ ペット飼育マナートラブル事件

これは、2019年7月にペット飼育可ファミリーマンションで起こった事件です。

ご夫婦での入居なのですが、上階の方がペット（犬）をベランダに出すことがあり、鳴き声が聞こえたり、犬の毛が自室のベランダに飛んでくるというクレームでした。

この場合、上階の方に直接注意すると、下の階の方からのクレームだとわかり、近所づきあいの関係でトラブルに発展しがちです。まずは居住者全員にペット飼育マナーに関する注意文書（次ページ参照）を配布・掲示しました。

それでもすぐに改善されなかったため、個別にメールで注意することにしました。

「以下はペット飼育者への連絡です。ベランダにペットを出される方がいるようです。他の家のベランダに犬の毛が飛んできたり鳴き声が聞こえたようです。ペットが苦手な方もいますのでご配慮をお願いします。どのお宅か特定できないので、皆様にご連絡します」

という文面で、どの家からのクレームかわからないようにして、全員に注意喚起するメールを送りました。しばらくして上階の方から「洗濯物を干すときに犬がベランダに出てくることがありました。飼えなくなると困るので、ペットに関しては気をつけていきたいと思います」と返事が来て、その後は少し収まっている状態です。

ペット飼育マナー　注意文書

2019年○月吉日

○○○○○○　入居者各位

＜ペット飼育マナーについて＞

拝啓　時下益々ご清栄のこととお慶び申し上げます。
当マンションは、ペット飼育可能です。皆様が気持ちよく生活するために、飼い主が守るべき一般的なマナーについてご連絡させていただきます。

1．動物は居室内で飼うこと。居室以外の共用部等で、排泄させないこと。万一排泄した場合は、糞便を必ず持ち帰るとともに、衛生的な始末をすること。

2．動物の毛や羽の手入れ、ケージの清掃を行なう場合は居室内で行い、必ず窓を閉めるなどして、毛や羽等の飛散を防ぐこと。

3．動物の鳴き声や糞尿から発生する悪臭によって近隣に迷惑をかけないこと。動物による汚損、破損、傷害等が発生した場合は、その責任を負うとともに、誠意をもって解決を図ること。

4．他の賃借人（居住者）及び近隣より苦情があった場合、各自で対処するものとし、解決不可能な場合は、賃貸人（貸主）及び管理会社の指導に従うものとします。

ルールを守られているご入居者様については感謝を申し上げると共に引き続き住環境維持にご協力をお願いいたします。

敬具

管理会社：　株式会社○○不動産　047-000-0000
貸主：○○○○株式会社　○○@○○.jp

おわりに

最後までお読みいただきまして、ありがとうございます！

私が不動産投資をはじめたころは、情報も少なくて今のようなサラリーマン大家さんがたくさんいるような状況は想像もつきませんでした。

また、私が規模拡大をはじめた2011年は、1億円を超える融資を受けるのは本当に大変でした。とくに私のように夫にナイショで不動産投資を行っており、夫の保証をつけられないということがハンデとなり、なかなか物件が買えませんでした。

そこから時代が二転三転して、融資が付きやすく不動産が買いやすい状況から（しかし、物件価格が高騰）、融資の出にくい不動産が買いにくい状況となりました。

昨年のかぼちゃの馬車事件、スルガショックなど様々な問題も勃発して、不動産投資の業界は冷え込んでいるような印象を受けます。

では、不動産投資はもうできないでしょうか？

そんなことはありません。今から不動産投資をはじめたいという方であれば、私の4作目である、『子育てアラフォーママがまだまだ夫にナイショで家賃収入1億円突破！』（扶桑社）をお読みください。そこには現金を使ったスモールスタートの投資法を解説しています。

何度か繰り返していることになりますが、不動産投資には絶対はなく、「何が正しい・正しくない」という定義はないのです。

木造の戸建てがいいのか、アパートがいいのか。それともRC造のマンションなのか。新築か中古かといった投資手法はもちろんのこと、融資の使い方（レバレッジのかけ方）も様々です。私自身は大規模大家ではありますが、小規模な大家さんはダメだ・・・なんてことは一切ないのです。

不動産投資には数々のメリットがありますが、その投資手法は複数あり、その人によってできる・できないもありますが、基本的には自分の好きなスタイルを選べるところも魅力であると考えます。ですから、自分のできるところからスタートすれば良いのです。

そうして実績をコツコツと積み上げていけば、次の道が開けます。

ただし、物件を購入してからは、それがどんな物件であれ、目的は一つです。

ランニングコストをなるべく下げて高稼働させること。

本書はそこにフォーカスした本です。管理委託費を5％から3％に削減しても、母数が大きくなければ、そこまで費用対効果は感じられないかもしれません。

しかし、リフォーム発注の仕組みや方法を知ったり、自己客付けをマスターすることの費用対効果は大きいですし、大家としての実力がつきます。

物件を所有されている方は、読んだ内容のうち、何か一つでも実践してみてください。

そうして、少しでも皆様の賃貸経営がプラスになれば、著者としてこんなに嬉しいことはありません。


最後にこの場を借りて、常日頃からお世話になっている方々へお礼を申し上げます。

まず、本書の執筆にあたってお世話になった皆様、ありがとうございます。

それから、私の不動産賃貸業を支えるパートナーの皆様、いつもありがとうございます。

設備メンテや修繕、リフォームや清掃など、多くの方の力に支えられています。

そして、最後にようやく私が不動産投資をしていることに気が付いた夫と娘にもお礼を伝えたいと思います。

最近では時々車で物件に送ってくれるようにもなりました。過去を思えば、大きな進展で、とてもありがたく感じています。これからも宜しくお願いいたします。

最後に読者の皆様にもう一度お礼を・・・たくさんの本の中から、本書を選んでいただきまして、ありがとうございます。

皆様の不動産投資の成功を心よりお祈りしています。

令和元年8月吉日

内本 智子

・著者プロフィール

内本 智子（うちもと ともこ）

ソラエステート（株）・JIU（株）・トモエステート（株）代表取締役。『内本塾』主宰。J-REC公認不動産コンサルタント。楽待コラムニスト。

大阪出身、東京在住の子育て主婦。都内に投資用区分マンションを購入したことをきっかけに不動産に興味を持ち独学開始。2011年震災前後の1年間で埼玉に4棟51室を購入し、短期間で資産約4億円になる。この時点で、「生まれてから20年間は学校へ、卒業後20年は会社員、退職後20年は好きなことをする」という人生設計のとおり、2011年末に勤続20年の節目で会社員を卒業し起業。

東京オリンピック決定後、不動産が値上がりすると直感し、2014年2月末から1年間で4棟51室を売却。東京・千葉に全空2棟を含む5棟81室を新たに購入し資産の拡大に成功。その後さらに買い進め、現在（本書執筆時）は、8棟132室、資産約16億円、家賃年収約1億円となっている。また、累計参加者2400人を超える『内本塾』を主宰、新聞社主宰セミナーを始め、多くの不動産関係団体から依頼を受ける人気講師としても活躍中。

著書に『アラフォーママ“夫もビックリ”資産12億円「女流」メガ大家さんへの道！』（ごま書房新社）、『子育てアラフォーママが夫にナイショで家賃年収1億円突破！』（扶桑社）ほか。

・著者公式ブログ http://ameblo.jp/uchimoto1/

・フェイスブック http://www.facebook.com/sorast1

家賃年収1億円ママ、今度は
“自主管理”でキャッシュフローを
ドンドン増やしています！

著　者	内本 智子
発行者	池田 雅行
発行所	株式会社 ごま書房新社 〒101-0031 東京都千代田区東神田1-5-5 マルキビル7F TEL 03-3865-8641（代） FAX 03-3865-8643
イラスト	あらいぴろよ
カバーデザイン	堀川 もと恵（@magimo創作所）
編集協力	布施 ゆき
印刷・製本	東港出版印刷株式会社

ISBN978-4-341-08743-2 C0034

ごま書房新社の本

いま話題の秘書大家さん
主婦流起業&投資術

～家事のあいまに「コインパーキング」
&「中古戸建て」&「アパート」経営で
家賃収入40万円!～

“ママ”は今すぐ“社長”になりましょう! 「夫婦」で豊かになる「3つ」の不動産投資

金子 みき 著

【“おうち”にいながら月収40万円!!】

共働き家庭&子育て主婦のこれからの稼ぎ方誕生。
フツーの主婦が起業して社長になって、3つのジャンルの不動産投資で経済的自由を得た方法を紹介。

本体1550円+税　四六版　244頁　ISBN978-4-341-08737-1　C0034

業界も納得のノウハウ!
火の玉ガール初著書

～サラリーマン・OLの将来を豊かにする
「3点倒立生活」のススメ～

不動産投資で人生が熱くなる!

「火の玉ガール」こと　日野 たまき 著

【「火の玉ガール」の“パワフル不動産投資”術を初公開!】

誰もが知りたい!利回り30%のアパートなどで家賃月収40万円を得る「火の玉流」不動産投資術を初公開!
まったく時間がない子育て中の共働き主婦が考えた仕事・家庭・お金(投資)全てがうまくいく「3点倒立生活」を紹介。

本体1480円+税　四六版　224頁　ISBN978-4-341-08656-5　C0034